일상 속에서 만나는
세미한 주님의 음성

일상 속에서
만나는

세미한 주님의 음성

독자평

성공을 위해서 또, 자신의 행복을 위해 쉼 없이 달려 가다보면 어느덧 마음으론 서서히 하나님을 잊게 된다. 지쳐가는 일상 속에서 좌절할 때 작가의 글을 읽으면서 일상의 삶을 믿음의 눈으로 바라보게 되고 인생의 푯대를 하나님께 향하게 한 귀한 시간이었다. 나에게 큰 위로와 힘이 되었고 많은 사람들에게 이 책이 읽혀지길 바란다.
조한나 (프리랜서)

처음 교회에 나간 후 오랜 신앙생활을 하면서 많은 시간을 지나왔다. 글을 읽으며 내가 처음 만난 하나님을 다시 만나는 듯한 기쁨을 회복하게 되었다. 일상 속에서 작가가 만났던 하나님을 순간순간 섬세한 필치로 잔잔하게 적어놓은 글들이, 내가 잃어버린 구원의 감격과 감사를 다시 기억나게 해주었다. 긴 겨울의 기다리는 봄비 같은 글을 통해, 받은 은혜를 함께 나눠주신 작가에게 감사하다. **이일순 (회사원)**

작가의 솔직 담백한 고백이 담긴 삶의 훈훈한 이야기를 감동 깊게 읽었다. 누구나 자각은 소중한 정신적 자산이다. 더군다나 하나님을 통한 깨달음은 삶의 전환을 넘어 사명의식을 갖게 한다. 그런 점에서 작가는 일상의 생활에서 작은 하나하나의 깨달음을 감사의 말로 기록해 왔다. 오랜 시간 동안의 개인의 발자취이며, 하나님과 동행한 눈물의 흔적이요, 독자들에겐 고마운 징검다리 같은 멋진 믿음의 글들이다.
최상용 (자영업)

일상생활에서 일어나는 소소하고 잔잔한 에피소드를 읽다 보면 입가에 작은 미소를 떠올리게 된다. 작가의 삶에는 매일 에피소드의 흔적들이 이어지고 있다. 예배를 드리기 위해 교회에 가고 은혜 받기 위해 교회에 가는 것이 아니라, 내가 지금 있는 이 자리에 주님은 나와 동행 하고 계신다. 나와 멀리 계신 분이 아니라, 믿음의 눈으로 바라보면 하나님과 함께 하는 은혜를 체험할 수 있다는 것을 새삼 느끼게 된다. 늘 나와 함께 해주시는 주님을 생각하며, 늘 범사에 감사하며 기도와 간구로 주와 발걸음을 맞춰 동행하는 삶을 살아가야겠다. **김자옥 (주일학교 교사)**

이 책의 글 중에 나오는 골프공 인생은 내 인생이기도 해서 참 많이 공감되고 감사했다. 골프공처럼 패인 홈들로 인해 내가 멀리 날아갈 수 있다고 믿으니 과거의 상처들로부터 자유로워질 수 있었다. 역시 주님은 '역전의 명수'라는 말이 떠올랐다. 그런 주님을 기대하게 된다. 이 책을 알게 되어 기쁘고 글을 쓰신 작가께 감사드린다.
홍혜정 (영어강사)

구원받은 우리를 향한 하나님의 분명한 계획은, 우리가 광야 같은 이 땅에 살면서 늘 기뻐하고 기도하고 감사하는 삶을 살기 원하신다는 것이다. 작가는 이 책에서 어떠한 상황과 환경에서도 마음 속에 항상 아름다운 감사의 무지개가 뜨기를 간구하고 있다. 진정 삶의 어떠한 상황에서도 감사할 수 있다는 것은 하나님의 임재 속에서 보호하심과 인도하심을 느끼는 삶의 고백일 것이다. 그런 면에서 이 책에 담긴 감사의 내용들은 나의 삶의 도전이요, 내 삶의 감사의 실타래를 하나하나 풀어내는 계기가 되었다. **김용수 (전도사)**

"행복한 사람은 많이 가진 사람이 아니라, 많이 감사하는 사람이란다."
주님의 메시지를 일상 속에서 찾아가는 작가의 모습이, 풋풋하고 많은 공감이 되었다. 소소하고 싱그럽게 풀어가는 글 속에서 촉촉한 감사와 향긋한 행복의 소리가 들려온다. 믿음의 사람으로 하나님의 인도하심을 차곡차곡 쌓아가는 작가의 모습이 나에게 귀감이 되었다. **박나리 (디자인 강사)**

우리 생활 가운데 감사라는 단어는 아주 가까이에 항상 존재한다. 우리가 잘 발견하지 못하고 소홀히 해서 그렇지만... 나의 경우에도 많은 세월동안 나에게 주어진 좋은 여건과 환경을 감사하지 못하고, 다른 이들과 비교함으로 인해서 내 스스로 자존감을 많이 떨어뜨리며 살았다는 생각이 든다. 이 책을 통해서 내가 평소 깨닫지 못했던 진정한 감사가 무엇인지, 그리고 주변에 크거나 작은 감사할거리가 얼마나 많은지 다시 깨닫게 되는 계기가 되었다. **최광현 (자영업)**

세상에서 가장 소중한 것은 각자마다 다르겠지만, 하나님께 받은 은혜를 소홀히 여기는 크리스천은 없을 것이다. 그러나 신앙의 초보자도 아니고 은혜의 가치를 모르는 것도 아니면서, 우리는 받은 은혜를 빨리 잊어버리는 안 좋은 습성이 있다. 어려운 풍랑이 닥쳐오기라도 하면 그 물에 빠져서 허우적거리는 내 모습에 스스로 실망하기도 한다. '구슬이 서 말이라도 꿰어야 보배' 라는 우리네 속담이 있다. 이 책은 작가의 보물 1호인 은혜의 구슬들이 엮어져서 우리에게 다시금 나를 되돌아보는 귀한 보배와 같은 시간을 선사한다. 하나님의 은혜는 항상 가까운 일상의 큰 일 뿐만 아니라, 내 자신이 미처 몰랐던 작은 일까지도 함께하셨음을 확인하게 되면서 무언의 안도감과 위로부터 오는 힘을 받게 되었다. 그래서 어느덧 찬송가의 가사처럼 나에게도 베푸셨던 은혜를 세어보며 감춰졌던 은혜의 불씨에 불쏘시개가 되어 이 책을 보는 내내 가슴이 따듯해 졌다. 또한 작가의 솔직하고 진솔한 내용은 마치 나의 이야기처럼 미소를 짓게 되면 동일한 마음으로 하나님께서 나와 동행함을 다시금 발견하게 된다. **박희정 (거문고 연주가)**

여는글

"재산 목록 1호가 뭐예요?"

누군가 나에게 물어보았다.
나는 망설임 없이 대답했다.

"그동안 하나님 아버지께서 나에게 주신
은혜를 적어놓은 글이요."

이 글은 나의 삶 가까이에 함께 하신 하나님 아버지의 은혜를 적은 것이다. 나에게 베풀어주신 그 은혜와 사랑이 너무나 귀하고 감사하고 아름다웠다. 내 기억 속에 하나라도 잊히는 것이 아까웠다. 그래서 앨범에 사진을 하나하나 소중히 넣어두고 지난 추억을 떠올리듯, 잊어버리지 않게 틈틈이 하나 둘씩 글로 적어 놓았다.

삶에 지치고 힘들 때 추억의 앨범 속의 사진을 꺼내어 보듯, 컴퓨터에 저장해 놓은 글을 가끔씩 보았다. 그러면서 지금까지 나와 함께 하신 하나님 아버지의 사랑의 흔적을 다시 확인하고는, 눈물을 흘리며 위로를 받았다.

그렇게 글들이 모아져서 한 권의 책으로 나오기까지는 아주 많은 시간이 걸린 셈이다.

내가 교회 공동체 리더를 하면서 주변에서 힘들어하는 지체를 볼 때 도움이 될 만한 글들을 메일로 보냈다. 나도 신앙의 갈등과 삶의 문제로 힘들었던 적도 있었고, 그 가운데에서도 하나님의 은혜가 있었음을 전해주고 싶었다. 글을 읽고 그 지체는 자신만 힘든 상황인 것 같았는데 위로가 되었고 다시 힘을 내어 하나님을 의지해야겠다며 기뻐했다. 받은 은혜를 서로 나누는 것처럼 가까운 사람들에게 메일을 보내는 마음으로 책을 발행하게 되었다. 글을 통해서 CCTV에 찍히는 것처럼 심히 부족한 나의 신앙과 삶의 모습들이 적나라하게 노출되어 부끄럽기도 하다. 그러나 나의 이야기를 하려는 것이 아니다. 그럼에도 불구하고 함께하시는 하나님 아버지에 대한 이야기를 하고 싶어서이다.

"여호와께서 사람의 걸음을 정하시고 그의 길을 기뻐하시나니 그는 넘어지나 아주 엎드러지지 아니함은 여호와께서 그의 손으로 붙드심이로다" (시 37:23-24).

2016년 3월 **박근수**

content

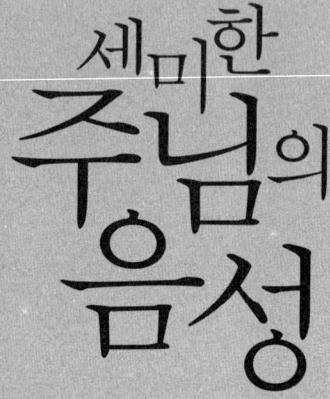

일상 속에서 만나는
세미한 주님의 음성

열네 가지 소원 • 12

감사의 맛 • 29

개나리는 겨울에 울지 않는다 • 35

골프공 인생 • 40

교회 갈래? • 48

껌 파는 할머니 • 57

내 인생의 신명기 • 65

너는 지금 죽어도 • 88

다람쥐야 왜 그랬니? • 96

단 하루 만이라도 • 103

도둑고양이 • *108*

매달린 열매, 떨어진 열매 • *117*

분위기 다운(down) • *123*

사과를 깎다가 • *131*

선물 • *138*

안 잡힌 죄인 • *145*

안전벨트 • *152*

억울함 • *159*

업그레이드 • *169*

울어야 사는 남자 • *175*

잔액이 부족합니다 • *180*

제비꽃 • *185*

주의 사랑 이곳에 • *192*

집사 되기 • *198*

추위의 의미 • *209*

크리스마스 선물 • *214*

큰아빠 • *223*

행복의 무지개 • *232*

흰머리 • *240*

하나님은 나의 아버지이시다 • *245*

열네 가지 소원

우리는 '사랑'에 관하여서는 하나님을 모르는 세상 사람들보다도 몇십 년 동안 수천 번을 더 외치고는 있다. 그러나 하나님께서 원하시는 '이웃 사랑'에 대한 관심보다는 내 문제가 빨리 해결되는 것, 돈을 많이 벌고 남들보다 편안히 사는 것에 더 관심이 많다. 그러면서 교회 다니면 자신이 착한 사람이 된 것 같이 착각을 하게 된다. 그러나 내 욕심, 이기적인 것으로 가득한 '자기중심적인 신앙'이 아니라 하나님 사랑, 이웃 사랑이 함께 하는 '균형적인 신앙'이 하나님께서 원하시는 믿음이다.

|

교회라는 곳을 처음으로 다니고 2년쯤 되어 초신자 티를 벗어나던 어느 날이었다. 교회 공동체 모임에서 지체들끼리 신앙적인 내용으로 각자 시, 그림 등을 한 편씩 만들어서 우리들끼리 시화전을 하며 은혜를 나누기로 했다.

다음 날에 있을 시화전을 위해서, 지체들이 제출한 소박한 작품들을 벽면에 전시하고 내부를 예쁘게 꾸며야 했다. 저녁에 공동체 선배, 후배, 나 이렇게 세 명이 모여서 교회의 한 장소를 꾸미다보니 어느덧 새벽 2시가 좀 지났다.

그때 다니던 교회는 서울시 강남구 대치동에 있었다. 선배는 교회 바로 옆 동네 개포동에, 나도 가까운 동네 강남에, 후배는 멀리 강북 제기동에 살고 있었다. 늦은 시간인지라 차를 갖고 온 선배는 교회 가까이 살고 있는 나를 먼저 데려다 주고 강북으로 가서 후배를 내려준 후 집에 오면 되었다. 그러나 나는 그날따라 차 안에서 좀 더 이야기를 하고 싶어서, 후배를 먼저 바래다주고 돌아오는 길에 나를 내려달라고 했다.

나는 그 당시 한창 믿음이 자라나는 시기였기에, 같은 모임의 사람들과 은혜 받은 것을 서로 나누는 것이 큰 기쁨이었다. 후배가 먼저 조수석에 앉기에 내가 뒷좌석에 앉고 출발하면 되었다. 그런데 승합차 문을 닫는 것과 동시에 **(옆으로 자동차 문손잡이를 두 손으로 잡은 채)** 입에서 방언이 터져 나오며, 그렇게 서글플 수가 없을 정도로 통곡이 나왔다.

'이게 어찌된 일인가?'

영문도 모르게 갑자기 일어난 통곡이 부끄러워서 그치려고 했지만, 나의 의지와는 상관없이 계속되었다. 차 안은 나의 울음과 방언 소리로 소란스러워졌다.

"근수, 무슨 일 있었니?"

방금 차타기 전까지만 해도 서로 즐겁게 이야기 했는데 갑자기 내가 급격한 행동을 하니 선배와 후배는 무척 당황스러워하였다. 조금 더 기다려도 내가 멈추지를 않자 할 수 없이 그냥 출발하였다. 나는 영문도 모른 채 지금까지 살면서 제일 슬프게 운 것 같았다.

'부모님이 돌아가셔도 이 정도로 슬프게 울까?'라는 생각도 하게 되었지만 생각 따로 입 따로 움직였다. 후배 집까지는 교회에서 성수대교를 지나 30여분은 가는 것 같았다. 어느새 도착했는지 선배가 나를 흔들어서 진정시켰다.

"근수야! 다 왔다. 정신 차려!"

나는 출발할 때 차 문을 닫기 위해서 옆으로 손잡이를 잡은 처음 그 상태로, 차의 문에 머리를 박은 채 30여분을 정신없이 울며 기도했던 것이었다. 선배가 걱정스럽게 물었다.

"무슨 일이 있었던 거야?"

나는 그제야 제 정신이 돌아와서 미친 사람처럼 한 행동이 무척 쑥스러웠다. "나도 왜 그랬는지 모르겠어요"라고 말했다. 그런 후에 나는 언제 그랬냐는 듯 아무 일도 없었던 사람처럼 후배에게 말했다.

"너희 집에서 라면 끓여 먹고 이야기하다가 바로 출근하자."

그러자 후배는 단호하게 말했다.

"부모님이 주무시고 시간도 늦었으니, 집에 가시고 다음에 오세요."

나는 다시 후배를 설득했다.

"이런 늦은 시간까지 형들이 바래다줬는데 그냥 가라고 하다니… 그리고 지금 집에 가서 자면 아침에 일어나서 출근하기가 힘드니, 그냥 너희 집에서 이야기하다 바로 출근하련다."

강력히 원했으나 후배도 너무나 완강했다.

"늦었으니 그냥 집에 가자."

이쯤해서 선배가 옆에서 나를 거들어주면 좋았을 터인데 선배도 그냥 가자고 했다. 성수대교를 지나 다시 돌아오며 나는 그렇지 않아도 차 안에서 알 수 없는 엉뚱한 기도만 하는 바람에, 아무 이야기도 못한 아쉬운 마음으로 인해 선배에게 원망스럽게 말했다.

"걔네 집에서 있다가 올 수 있도록 옆에서 좀 거들어주지 그랬어요?"

집에 도착하니 새벽 4시 정도 되었다. 출근하려면 몇 시간 밖에 잘 수 없고 시계에 알람을 맞춰놔도 못 듣고 제 시간에 일어나지 못할까봐 TV를 켜놓고 볼륨을 크게 조절하고 잤다. 자다가 아침 일찍 시작되는 TV 소리로 인해 잠을 깨려고 했기 때문이었다.

잠결에 무슨 소리가 들려서 피곤한 눈을 뜨니 TV에서 나오는 소리였다. 뉴스에서 무슨 큰 사고가 일어났는지 진행자의 소리가 긴박했다. 자세히 보니 화면에 다리가 끊어진 모습이 나왔는데 아침 출근시간인 7시 40분경 성수대교가 48m 정도 끊어졌다고 했다. 나는 눈이 커지며 깜짝 놀랐다.

'아니, 저건 내가 몇 시간 전에 건너온 다리인데…'

무서웠다. 한편으로는 살아서 다행이라는 생각에 바로 고향집에 전화했다. 어머니가 받으셨다.

"엄마, 지금 TV 좀 봐."

"보고 있다. 왜?"

"다리 끊어진 것 나오는 게 보이지? 나 몇 시간 전에 저기 지나갔다 왔어."

그러자 어머니는 깜짝 놀라시며 엄한 목소리로 말하셨다.

"왜 그런 위험한 곳에 다니니? 다시는 그런 곳에 다니지 마라! 알았냐?"

어머니가 걱정하실까봐 "알았어요"라고 대답하였다. 나는 그냥 행운으로 살았다는 단순한 생각에 약간 장난 끼로 전화를 했지만, 통화를 끊고 나자 자칫하면 죽을 뻔 했을 수도 있었다는 생각에 좀 얼떨떨했다. 그런데 갑자기 몇 시간 전에 있었던 일이 생각났다.

'내가 왜 몇십 분 동안 방언을 하며 통곡을 하였을까? 그것도 차 문을 닫자마자… 만약 후배 집에서 밤을 새다가 출근 시간에 맞춰서 왔다면 분명히 그 시간이 되었을 텐데…(내 집과 회사가 강남 쪽 방면이었기에 출근시간에 성수대교를 다시 지나와야 했다). 혹시 하나님께서 이런 사고가 일어날 것을 미리 아시고 위험에 대비하고자 나를 강제로 기도시키신 것인가? 만약 후배가 나의 말을 들었든가 선배가 나의 말에 동조를 했었더라면… 아니면 우리가 다리를 건너는 두 번의 시간에 일찍 다리가 무너졌더라면…'

생각할수록 정신이 아찔하였다. 등교시간이라 버스에 탔던 중고등학생들도 많이 죽었다고 했다. 10여대의 차가 한강에 떨어져서 30여명이 죽고 몇 십 명이 부상을 당했다고 했다. 뉴스를 들으며 나는 무척이나 궁금했다.

'그 중에 교회에 다니는 학생들도 많이 있을 텐데 왜 그들은 어린나이에 일찍 죽고, 나는 왜 하나님께서 살리셨을까? 왜 나를 강제로 기도를 시키시면서까지… 가족 중에서 혼자 교회에 다니고 아직 2년 정도 밖에 안 되었는데… 내가 하나님한테 뭐 하나 한 것도 없는데… 성경도 아직 한 번도 다 안 봤는데…'

이것저것 살펴봐도 이해 할 수 없는 참 이상한 일이었다. 그 후 인생의 어려움을 겪을 때마다 하나님 아버지께서 그때 나의 생명을 거두어 가시지 않은 것을 보면 나중에 나를 위한 어떤 계획을 갖고 계실 거라는 생각에 위안을 삼고 용기를 내어 살았다.

10년이 더 지난 어느 날이었다. 잘 가지 않았던 수요예배에 문득 참석하고 싶은 마음이 생겨서 예배를 드리러 갔다. 그런데 그날 강사이신 장기기증운동본부를 섬기시는 목사님의 설교를 듣고 깜짝 놀랐다. 신문에도 기사화 되었다는데 성수대교가 무너지는 그날, 버스를 타고 등교하다가 세상을 떠난 한 여대생의 이야기였다. 다음은 내가 차후에 그 내용을 인터넷에서 발췌한 이야기이다.

〈일기장에 남긴 여대생의 열네 가지 소원,
세상을 차례로 밝히다〉

[성수대교 붕괴 10년] 승영이는 갔지만...
2004.10.19 조선일보 김정훈 기자

1994년 10월 21일 아침. 서울교대 국어교육과 3학년 이승영(여, 당시 21세)씨는 성수대교 상판과 함께 떨어진 16번 시내버스 안에서 목숨을 잃었다. 교생 실습을 위해 강북 초등학교에 버스로 출퇴근한지 닷새만의 일이었다. 성수대교 붕괴로 이날 숨진 사람은 32명. 사고 직후 오열 속에 딸의 유품을 챙기던 어머니 김영순(56)씨는 승영씨가 남긴 일기장을 읽어 내려갔다. '내가 일생동안 하고 싶은 일'이란 구절 밑에 빽빽이 적어놓은 '14가지 소원'이라는 글에 '장학금을 만든다, 이동도서관을 강원도에 만든다, 복지마을을 만든다, 한 명 이상을 입양한다, 시각장애인을 위해 무언가를 한다...' 등이 적혀 있었다.

11개월 전 군인이던 남편을 과로사로 잃고 흔들리던 어머니였다. "승영아, 네 소원을 이 어미가 모두 이루어주마." 어머니는 흐르는 눈물을 닦아냈다.

어머니는 딸이 입버릇처럼 말하던 **"죽으면 장기(臟器)를 남에게 주겠다"**는 약속을 생각했다. 하지만 딸 시신이 제대로 수습된 것은 장기 기증을 위한 시한(時限)인 '사망 후 6시간'을 넘긴 뒤였다. 어머니는 대신 고려대 의과대학에 시신을 해부 실습용으로 기증했다. 딸의 소원을 절반만큼이라도 들어주고 싶어서였다. 보상금 2억 5000만원은 전액 남서울교회에 장학금으로 기부해 '승영장학회'를 만들었다. **'장학금을 만든다'**는 딸의 소망을 이룬 것이다. 어머니 스스로도 전도사가 돼 호스피스(**죽음을 앞둔 사람을 돌보는 봉사자**)에 뛰어들었다. 그 후 10년...

그동안 형편이 어려운 신학대학원생 50여명이 승영씨의 목숨과 바꾼 장학금을 받았다. 장학생 중에는 청각장애인이면서 같은 처지의 장애인을 모아 공동체를 꾸리는 사람, 암(癌)을 이겨낸 뒤 말기 환자 병동에서 기타로 음악을 들려주는 사람도 있다.

인천시 부평구 산곡1동 백마마을 산곡중학교 뒷골목. 이곳에서 승영장학금을 받아 작년에 뒤늦게 신학대학원을 마친 최만재(47)씨는 '작은 손길 공동체'를 만들었다.

최만재씨는 "이승영씨가 세상에 남긴 사랑이 깃든 곳"이라고 말했다. 무허가 월세 건물이지만 파지를 주워 연명하는 65세 이상 노인 11명을 모아 식사를 무료로 제공하는 공동체. **'복지마을을 만든다'**는 승영씨의 소원은 이렇게 장학생들의 손으로 이루어졌다.

이들은 누가 연락하지 않아도 승영씨의 기일(忌日)이 되면 해뜨기 전 고려대 의대 뒤편의 감은탑(感恩塔)에 모여 꽃을 바치고 고개를 숙인다. 두 손을 모은 모양의 탑에는 '이승영' 이름이 10㎝ 크기로 새겨져 있다. 최씨는 "'승영'이라는 이름은 '오늘은 내가 무엇을 부족하게 살았나' 하고 되묻게 하는 이름"이라며 "마음이 지칠 때마다 성수대교를 찾아 자신을 채찍질 한다"고 말했다.

'이동도서관을 강원도에 만든다'는 소원도 이루어졌다. 군인 아버지를 따라 강원도 전방 부대를 다닌 어린 시절 기억이 만든 소원이다. 작년 8월 승영장학회는 강원도 인제군 서흥리의 한 포병연대에 전천후 이동도서관 차량을 기증했다.

이 차량은 7개 부대 500여 장병들 사이를 누비고 다녔다. 휴전선 바로 아래까지 식료품을 나눠주러 가는 '무료 PX' 역할도 했고, 군 생활을 힘겨워하는 사병들의 이동상담소 역할도 했다. 조준묵(55) 군목은 "여대생이 남긴 사랑이 10년 후, 여기 강원도 오지까지 미치는 모습을 보면 '이것이 기적'이란 생각을 하게 된다"고 말했다.

어머니는 사고 직후인 95년 초등학교 때 딸이 쓴 시(詩)를 '연기는 하늘로'란 제목의 책으로 묶어 출간했다. **'신앙소설을 쓴다'**는 소원도 이렇게 실현됐다.

이때 받은 인세(印稅) 400만원은 김장김치가 돼 장애인 재활시설 4곳에 골고루 전해졌다. **'시각장애인을 위해 무언가 한다'**는 소원 역시 장학회가 조만간 시각장애인을 위한 점자책 보급을 시작하면 이루어진다.

'한 명 이상의 아이를 입양하고 싶다'는 소원은? 올해 초 결혼한 동생 상엽(29)씨가 "내가 실천하겠다"고 약속한 상태다. 상엽씨는 "누나는 인생을 길게 볼 수 있는 눈을 주고 갔다"고 말했다. 10년 동안 승영씨가 남긴 14가지 소원 중 실현됐거나 곧 실현될 소원은 대략 7가지. 이를 실천한 어머니 김씨는 자신의 모든 것을 딸의 소원 실현을 위해 바치고 교회 근처 연립 8평 원룸에 혼자 살고 있었다.

하지만 어머니는 찾아간 기자에게 "나는 한 일이 없기 때문에 해 줄 말이 없다"라고 했다. "세상에 대한 미움 따위도 없다. 세상에 사랑이 이어지고 있으니 우리 딸은 아직 살아 있는 것 아니냐"는 말만 남기고 현관을 닫았다. 더 이상의 질문도, 사진 촬영도 응하지 않았다.

다른 사람들도 무척 은혜로운 예배시간이었지만, 그 자리에서 그 당시 사고를 당하지 않고 살았던 내가 듣는 이 이야기는 무척 감동스러웠으며 당황스럽기까지 했다.

신문사 기자가 위 기사와 같이 사고 발생 10년 후를 취재하였더니, 놀라운 것은 그 여학생이 죽었기에 전혀 이룰 수 없었던 소원이, 살아있는 사람들로 인해 하나씩 이루어지고 있었다는 것이었다.

그 여학생이 당시 21살이란 어린 나이였지만 자신보다는

열네 가지
소원

다른 사람의 행복을 위한 삶을 가슴에 품고 살았던 것이 참 아름다웠고 나를 부끄럽게 하였다. 우리는 생명을 살리기 위해 헌혈하는 피 한 방울도 아까워하여 꺼리는데 말이다. 내가 만일 자매의 어머니와 같은 상황이었다면, 남편을 잃은 지 1년도 안 되어서 사랑하는 어린 딸마저 잃은 슬픔에 낙심이 되어 하나님을 많이 원망했을 것이다.

시간이 지나서 딸의 장기기증이 안 되면 그냥 장례를 치르면 될 것을, 의학 해부 실습용으로까지 기증하다니… 비록 죽은 시신이지만 피부부터 모든 살과 뼈, 온 몸이 온통 수술용 칼로 도려내지는데 사랑하는 자녀를 그렇게까지 할 부모가 얼마나 있을까? 보상금으로 받은 돈까지 전부 다른 사람을 위해 쓴 것만 해도 존경받아 마땅한데, 딸의 나머지 소원을 들어주기 위한 어머니의 사랑의 헌신은 너무나 눈물겨웠다.

그날 생각지도 않은 예배 중의 성수대교 붕괴 사고로 인한 지난 이야기가, 나의 인생의 의미와 목적을 다시금 진지하게 생각하게 하였다.

'나는 왜 사는가? 나는 지금 무엇을 위해 사는가? 과연 성공한 인생이란 무엇이며 쓰임 받는 인생이란 무엇이란 말인가?'

그 후, 어느 날 주일 저녁이었다. 교회 성경공부 모임의 조장이었던 나는 조원들 10여명에게 위 신문기사의 내용을 인쇄하여 나누어 주었다.

"우리도 이와 같이 이웃을 위한 사랑의 실천을 생각해보고 나누어요. 사소한 것이라도 괜찮아요."

이 내용으로 은혜로운 나눔을 갖고 서로 신앙의 도전을 받으리라 내심 기대를 하였다. 그러나 다 읽고 난 후 첫 번째로 말한 조원의 반응은 이러하였다.

"지금 나 살기도 바쁘고 해결해야 할거리도 많아서 이런 것 생각할 여유가 없네요."

시큰둥한 표정으로 말하자 다른 조원들도 "맞아"하며 웃으며 장단을 맞췄다. 조원들은 이런 심각한 이야기 말고 그냥 평소에 하던 대로, 빨리 오늘 해야 할 성경공부 책의 진도나 나가고 커피숍에 가서 차를 마시자는 분위기였다. 예상치 않은 반응에 충격을 받은 나는 할 기분도 아니었지만 바로 성경공부를 하게 되었다(하지만 은혜가 된다고 다른 사람에게 주려고하니, 인쇄물을 몇 장 더 달라고 한 조원도 있었다).

이 일로 인하여 며칠동안 나의 마음이 많이 우울하고 불편하였다. 매주 모여서 몇 시간씩 성경공부는 하나 진작 교재 책의 문제풀이보다 더 중요한 일에, 성경에서 하나님께서 우리에게 말씀하시는 가르침과는 벗어난 반응을 하자 크게 낙심이 되었다. 그러다가 생각되는 것이 어찌 보면 현재 자신의 문제에 고민하느라 남을 생각할 여력이 없다는 것이 실상 자신의 행복만을 바라보고 살아가는, 나를 포함한 많은 교인들의 '벗겨놓은 현재의 신앙의 모습'일지도 모른다는 생각을 하게 되었다.

우리는 '사랑'에 관하여서는 하나님을 모르는 세상 사람들보다도 몇십 년 동안 수천 번을 더 외치고는 있다. 그러나 하나님께서 원하시는 '이웃 사랑'에 대한 관심보다는 내 문제가 빨리 해결되는 것, 돈을 많이 벌고 남들보다 편안히 사는 것에 더 관심이 많다. 그러면서 교회 다니면 자신이 착한 사람이 된 것 같이 착각을 하게 된다. 그러나 내 욕심, 이기적인 것으로 가득한 '자기중심적인 신앙'이 아니라 하나님 사랑, 이웃 사랑이 함께 하는 '균형적인 신앙'이 하나님께서 원하시는 믿음이다.

"예수께서 가라사대 네 마음을 다하고 목숨을 다하고 뜻을 다하여 주 너의 하나님을 사랑하라 하셨으니 이것이 크고 첫째 되는 계명이요 둘째는 그와 같으니 네 이웃을 네 몸과 같이 사랑하라 하셨으니 이 두 계명이 온 율법과 선지자의 강령이니라"(마 22:37-40).

"또 마음을 다하고 지혜를 다하고 힘을 다하여 하나님을 사랑하는 것과 또 이웃을 제 몸과 같이 사랑하는 것이 전체로 드리는 모든 번제물과 기타 제물보다 나으니이다"(막 12:33).

2015년 10월은 이 사건이 발생한 지 21년이 된 해이다. 당시 21살이었던 그 여학생의 살아온 나이만큼의 오랜 시간이 벌써 훌쩍 지났다. 인터넷으로 이리저리 검색하여 알아본 바로는 여학생의 어머니는 자신의 나이, 건강, 상황을 보지 않고 2009년에 선교를 위해서 우즈베키스탄으로 가셨다고 한다. 그저 눈감는 날까지 나보다 힘든 누군가를 위해서 봉사하다가 하늘나라로 가겠다는 마음이라 한다. 여학생의 나머지 소원중 하나인 '선교사님들을 돕는다'라는 소원이 있었다는 것이 생각났다.

20년이 지난 이 긴 시간동안 나의 생명을 연장시켜 주신 하나님 아버지의 기대대로 살지 못하고 이 한 몸도 제대로 추스르지 못한 채 삶속에서 허우적대는 내가 너무 밉다. 성수대교 붕괴 때 나는 그날 죽은 목숨이나 다름이 없었다. 하지만 하나님께서 강권적으로 살려주셔서 생명을 추가로 연장하여 주셨기에, 은혜로 살아가는 '덤으로 사는 인생'이 되었다.

사람들은 서로 자신의 '버킷 리스트'(bucket list ; 죽기 전에 꼭

열네 가지
소원

해보고 싶은 것을 적은 목록)가 무엇이라고 말하고 또, 상대방에게 물어보기도 한다. 외국 여행 다니기, 예쁜 집 갖기, 아담한 커피숍 운영해 보기, 남들이 부러워하는 좋은 몸매로 변신하기, 외국어 유창하게 하기 등등...

만약 하나님께서 지금 우리 모두에게 당장 들어주시겠다며 소원을 적으라고 하신다면 '때는 이때다. 얼씨구, 좋다!' 하며 자신이 원했던 것을 왕창 적어 놓을 것이다. 하지만 자신의 소원도 물론 있어야겠지만, '이웃을 향한 소원을 나의 소원'으로 적은 사람이 있다면, 하나님 아버지께서는 매우 흐뭇해하실 것 같다.

"근심하는 자 같으나 항상 기뻐하고 가난한 자 같으나 많은 사람을 부요하게 하고 아무 것도 없는 자 같으나 모든 것을 가진 자로다"(고후 6: 10).

현재 '나의 간절한 14가지 소원' 또는 '내가 일생동안 하고 싶은 일'을 적으면 무엇으로 가득할까? 내 삶의 편함과 행복만을 위한 소원들인가? 하나님의 사랑을 나타내기 위한 소원들인가?

"아버지, 그때 저를 살려주셔서 감사드립니다. 그러나 시간이 지나니, 그 일이 지금은 아무런 감격과 감사도 없이 추억으로만 여겨집니다. 생존을 위해, 더 많은 돈을 벌기위해, 성공하기 위해서 골몰하며 제 자신의 행복에만 초점을 맞춘 채 살았습니다. 하나님 아버지의 은혜를 많이 받고 큰 믿음 갖기를 원했습니다만 제 자신만을 위한 은혜와 믿음이었습니다. 이제 저도 그 여학생 같은, 학생의 어머니 같은 선한 영향력을 끼치는 참된 신앙인이 되고 싶습니다. 저를 살리셔서 쓰시려고 계획하신 하나님 아버지의 기대에 실망을 안겨드려서 죄송합니다. 아버지의 기대와 은혜에 조금이라도 보답하며 살고 싶습니다. 제 마음의 많은 소원이 이웃을 향한 소원이 되게 하시고 또 그렇게 살 수 있길 원합니다."

감사의 맛

당연한 것을 감사하다보면 몇 가지 말하다가 기도 시간이 금방 끝나게 된다. 그러나 감사할 수 없는 것도 감사하게 되면 더 많이 감사할 수 있고 나쁘게 여겼던 것도 결국 유익이 된다는 긍정적인 마음도 갖게 된다. 이런 것을 '그럼에도 불구하고 감사'라고 말하고 싶다.

|

신문 기사를 보니 요새 비타민 D가 부족한 사람들이 많다고 한다. 현대인의 80% 이상이 부족한 것으로 나타났는데 젊은 층일수록 더욱 심하다고 한다. 비타민 D는 일부 음식물에도 들어있지만 대부분은 자외선이 피부에 자극을 주면 일어나는 합성으로 얻을 수 있다. 그러기에 충분한 햇볕을 쬐지 못하면 각종 질병 발생의 위험이 있다는 것이다. 모든 영양은 음식물을 통해 섭취하는데 햇빛에 이러한 작용이 있다는 것이 신기하다.

나도 평소에 햇볕을 자주 쬐지 않기에 산책을 더 많이 해야겠다고 생각만 하던 차에, 마침 날씨가 좋아서 동네를 한 바퀴 돌기로 했다. '햇볕이 부족하면 몸에 필요한 영양이 부족하듯, 하나님의 은혜의 햇볕에 자주 쬐어야 건강한 신앙인이 될 텐데…'라는 나름 영적인 생각을 하며 걸었다. 전엔 단순히 걸어 다녔었지만 오늘은 비타민 D를 생각하고 걸으니, 왠지 영양제를 맞아서 내 몸이 좋아지는 듯한 기분이었다. 아무튼 이런 생각으로 걸어가는데, 어디에서 나를 향해 급히 큰 소리로 외치는 여자의 목소리가 들렸다.

"감사하세요. 감사하세요."

'뭐야? 누구지? 나에게 누가 말하는 거야? 뭘 감사하라고 하는 거지?'

어리둥절해하며 고개를 돌려봤지만 주위엔 아무도 없었다. 이상하다 싶어서 다시 찬찬히 살펴보니 골목 한 편에서 아주머니 한 분이 감을 팔고 있었다. 아주머니를 본 순간 "감사세요"를 "감사하세요"라고 내가 잘못 들었던 것이다.

'이런 황당한 경우가…'

누가 나에게 황급히 이야기한 것 같아서 순간 당황했는데

감사의 맛

별것 아니어서 어이가 없었다. 그래서 아주머니의 발음이 이상한가 하고, 지나가는 사람들에게 말하는 것을 유심히 들었다. 그러나 정확히 "감 사세요"였다.

'이상하다. 나는 분명히 두 번씩이나 '감사하세요'라고 똑똑하게 들었는데… 혹시 하나님께서 나에게 감사를 많이 하라고 이렇게 들리도록 하셨나?'

하나님 아버지께서 나에게 일상적인 생활 속의 작은 것을 통해서도 자주 깨달음과 은혜를 주셨기에 좀 예민한 느낌이 들 때에는 이런 것도 단순히 흘려버릴 수가 없었다. 감 파는 아주머니를 통해 불평이 가득했던 내 마음을 감사로 채우라고 하신 것일 수도 있겠다고 생각하였다. 그래서 산책을 마친 후에 오랜만에 감사기도를 충분히 해보리라 다짐했다.

이왕 이렇게 된 것, 서로 말도 비슷한 "감 사세요"와 "감사하세요"의 두 가지를 다같이 하면 좋겠다고 생각되었다. 그래서 감을 사서 실컷 먹고 배가 든든하여 기분이 좋은 상태에서 감사기도를 하려고 단감과 홍시 1만원 어치를 사니 20여 개가 되었다.

집으로 돌아와서 반 정도 먹고 나중에 또 먹으려다가, 감을 좋아하는지라 한꺼번에 다 먹었다. 참 달고 맛있었다. 배가 너무 많이 불러서 누워서 좀 쉬고 싶었다. 그러나 아까 있었던 일이 예사롭지 않게 느껴져서 기도를 하기로 다짐하였으므로 진지하게 무릎을 꿇었다.

'이왕 기도하기로 마음을 먹었으니 몇십 분은 해야 할 텐데 무엇부터 어떻게 하지?'

그런데 하나님께서 도와주셔서 억지로가 아닌 즐거운 마음으로 계속 감사가 이어졌다. 감사의 내용을 하나하나 할 때마다 감을 먹는 것처럼 얼마나 달게 느껴지는지 재미도 있었다. 내 상황에서 감사할 수 없는 여러 가지 문제도 다 수월하게 감사하는 마음이 생겼다.

당연한 것을 감사하다보면 몇 가지 말하다가 기도 시간이 금방 끝나게 된다. 그러나 감사할 수 없는 것도 감사하게 되면 더 많이 감사할 수 있고, 나쁘게 여겼던 것도 결국 유익이 된다는 긍정적인 마음도 갖게 된다. 이런 것을 '그럼에도 불구하고 감사'라고 말하고 싶다. 평상시에는 억지로 하려고 해도 안 되나, 하나님 아버지께서 은혜를 주시면 인간적 감정을 초월하여 삶의 모든 것을 진실된 마음으로 감사하게 된다.

그날 내가 감 파는 아주머니로부터 잘못 들었을지라도, 하나님 아버지께서 이렇게라도 기도할 수 있는 마음을 주신 것 같아서 참 감사했다. 이런 평범한 일상 속에서도 나를 향한 관심과 지혜로우신 방법으로 이끌어주셨음을 느끼기에,

두 눈엔 진실로 감사의 눈물이 흘러내렸다.

　기도 후에 누우니 달달한 감이 한꺼번에 많이 들어간 내 배도 든든하였고 하나님께서 주시는 은혜와 기쁨으로 영혼도 든든하였다. 불평했던 것도, 불만족스러웠던 일들도 모두 감사로 충만하게 되었고 무거운 삶의 무게가 확 줄어든 것 같이 가벼웠다.

　"감사로 제사 드리는 자가 나를 영화롭게 하나니 그의 행위를 옳게 하는 자에게 내가 하나님의 구원을 보이리라"(시 50:23).

　"받은 복을 세어보아라 크신 복을 네가 알리라 받은 복을 세어보아라 주의 크신 복을 네가 알리라"(새찬송가 429장).

　성경에 "주의 말씀의 맛이 내게 어찌 그리 단지요 내 입에 꿀보다 더하니이다"(시 119:103)라는 구절이 있다. 또한 찬송가에 '달고 오묘한 그 말씀, 생명의 말씀은…' 이라는 가사가 있다.
　여기서 말씀이 '달다'라는 의미는 마치 맛있는 음식을 먹는 것처럼, 우리에게 그만큼 직접적으로 유익하다는 것을 맛을 비유로 표현한 것이다. 깊은 잠과 꿈을 꾸는 것을 '단잠을 자다, 단꿈을 꾸다'라는 표현을 쓰기도 한다. 이렇듯이 그날 내가 감사의 내용 하나하나를 고백할 때에도 마치 단 과일을 먹는 것 같았고, 몸과 영혼 전체가 하나님의 은혜로 달달해진 것 같은 느낌이었다. 그래서 이렇게 말하고 싶다.

"감사를 대충하면 그 맛도 대충이고 감사가 깊을수록 그 맛도 달다."
"감사를 대충하면 그 기쁨도 대충이고 감사가 깊을수록 그 기쁨도 깊어진다."

"아버지, 제 몸을 한약을 짜듯 쭉 짜면 온통 '감사'가 흘러나올 수 있게 해주세요. 제 입에서 불평, 불신앙의 말보다 감사의 말이 날마다 더 늘어나게 해주세요. 현실은 인간적인 시각으로 볼 때 감사할 수 없는 것들로 꽉 차 있지만, 믿음의 시각으로, 긍정적인 마음으로 삶의 모든 것을 감사로 고백하게 해주세요."

개나리는 겨울에 울지 않는다

우리의 인생은 봄 같이 형통한 때와 겨울같이 곤고한 때가
되풀이된다. 하나님의 자녀가 됐다고 그 시점부터 일반 사람들보다
마냥 좋은 일만 생기게 하지 않으신다. 외롭고 어려운 날을
통해서도 하나님과 자신을 돌아보라는 것이다.

I

    집으로 가기 위해서 버스 정류장을 향해 걸었다. 겨울 늦은 저녁 시간, 거리엔 추위와 매서운 칼바람이 불어쳤다. 몸을 한껏 움츠리고 걸어도 바람에 몸이 이리저리 움직일 정도였고 얼굴은 얼얼해졌다. 바람이 얼마나 불어댔던지 도로 표지판 흔들리는 소리가 들리고 쓰레기가 날라 다니며 내 머리카락도 이리저리 사방으로 춤을 췄다.

    '오늘 왜 이렇게 추운거야? 바람도 대단하네.'

엄청난 바람을 피하느라 가로수 나무 뒤로 피했다가 다른 나무 뒤로 조금씩 이동하였다. 그러다보니 차가워지고 딱딱하진 나무를 만지게 되었다.

'이런 추운 날씨를 아무 방비 없이 맞아야하는 나무들은 엄청 춥겠구나!'

나뭇잎도 다 떨어지고 어두운 도로에 휑하니 서서 매번 겨울을 견뎌야하는 나무가 애처로워 보였다. 그러나 추위에 꽃이나 나무들이 꽁꽁 얼어서 마치 죽은 것 같이 보이지만 따뜻한 봄이 되면 신기하게 언제 그랬냐는 듯 꽃을 피우며 자라는 것이다. 하나님 아버지께서 자연의 섭리로 이렇게 하셨다는 것은 알지만 여간 신비스럽지 않다. 그러고 보면 길가의 나무가 그냥 딱딱한 고체 덩어리가 아니고, 별것 아닌 것 같은 가녀린 꽃들도 말은 하지 않지만 실제 생명이 있는 것이다.

나는 봄을 좋아한다. 덥지도 춥지도 않고 또한, 가슴과 입으로 전달되는 따뜻한 봄바람의 상쾌한 느낌이 좋다. 귀여운 병아리 색깔의 노란 개나리도 좋다. 봄이 온 소식을 처음 알리는 반가운 꽃이기 때문이다. 마치 희망을 전해주는 것 같고 어쩌다가 보게 되면 행운을 얻은 것 같이 행복한 느낌이 든다. 개나리는 평소에 우리들 기억에 잊혀 있다가도 봄이 와서 때가 되면 갑자기 자신의 존재를 화려하게 알린다.

    나무가 추위를 이겨낸 흔적으로 나이테가 생기듯이 개나리도 생명이 있어서 겨울엔 추울 것이다. 하지만 자신을 만든 창조주가 봄이 되면 반드시 꽃을 피울 것에 염려하며 의심치 않을 것이다. 다른 꽃보다도 먼저 봄이 온 기쁜 소식을 전할 것을 기대하며, 잠잠히 자신이 있어야 할 장소에서 기다릴 것이다. 봄에 많은 사람들이 보고 환호했다가 꽃이 시들면 기억에서 사라져가도… 만약 내가 개나리였다면 하나님 아버지께 이렇게 투덜거리며 불평했을지도 모른다.

    "꽃을 봄에 잠깐 반짝 보이려고 저를 이런 더위와 추위에 있게 하셨나요? 봄이 올 때까지 기다리기 귀찮고 겨울도 추워서 싫으니 겨울을 없애 주세요. 사람들이 저를 보면 좋아하는데 1년 내내 꽃을 볼 수 있도록 하면 더 좋지 않겠어요? 봄이 지나면 저를 다 잊어버린단 말이에요. 그리고 잘 보일 수 있게 저의 키와 몸을 더 크게 해 주세요."

    인생을 산다는 것이 참 만만한 것이 아니다. 하나님을 믿고 그분의 자녀가 되면 불신자나 다른 사람과 달리, 어려움이 금방 해결되며 부족함 없이 살아가는 것이 아니었다. 이 땅에 사는 한 모든 인생이 마찬가지지만 하나님의 자녀인 나에게도 바다의 밀물과 썰물처럼 크고 작은 어려움이 수시로 내 발 앞으로 들어왔다 나간다.

내 인생에 꽃 피는 따뜻한 봄의 시절도 있지만, 나뭇잎을 다 버린 나무처럼 초라한 겨울이 찾아올 때도 있다. '인생이 뭐 이래?'하며 마지못해 억지로 살기도 하고 앞으로 살아갈 날에 대한 걱정과 점점 더 작아져가는 나를 느낀다. 오랜 기도에도 불구하고 해결되지 않은 문제에 하나님께 원망을 많이 하기도 했다. 훤하게 밝은 전등불 아래에 있어도 내 마음은 어둡고, 불신과 하나님에 대한 섭섭한 마음으로 기도할 의욕도 없이 지낸 적도 무수히 많다.

"형통한 날에는 기뻐하고 곤고한 날에는 되돌아 보아라 이 두 가지를 하나님이 병행하게 하사 사람이 그의 장래 일을 능히 헤아려 알지 못하게 하셨느니라"(전 7:14).

우리의 인생은 봄 같이 형통한 때와 겨울같이 곤고한 때가 되풀이된다. 하나님의 자녀가 됐다고 그 시점부터 일반 사람들보다 마냥 좋은 일만 생기게 하지 않으신다. 외롭고 어려운 날을 통해서도 하나님과 자신을 돌아보라는 것이다. 그래서 인생의 추운 겨울을 만났을 때 마냥 슬퍼해서는 안 될 것이다. 믿음과 소망을 놓지 않고 있다면 따뜻한 봄은 다시 찾아온다. 길가에 있는 작은 개나리를 통해서도 하나님 아버지께서는 우리에게 말씀하신다.

"개나리는 겨울에 울지 않는다."

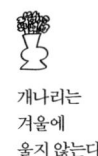
개나리는
겨울에
울지 않는다

〈주님의 시간에〉

주님의 시간에 주의 뜻 이뤄지기 기다려
하루하루 살 동안 주님 인도하시길
주 뜻 이룰 때까지 기다려
기다려 그때를 주의 뜻 이뤄지기 기다려
주의 뜻 이뤄지면 우리들의 모든 것
아름답게 변하리 기다려

"아버지, 살아가는데 제 바람과 달리 당황스러운 일이 많이 일어납니다. 이럴 때마다 낙심하며 어찌할 줄 몰라 합니다. 오랜 기도 제목에도 지칩니다. 아버지에 대한 믿음과 소망도 줄어드는 것 같습니다. 기도할 의욕도 없고 기도하려고 해도 멍하니 있을 때가 많습니다. 제 인생에 추운 겨울이 왔을 때 어찌할지 몰라 마냥 넋을 놓고 있지 않게 해주세요. 오히려 겨울이 지난 후 봄에 핀 개나리처럼 제 영혼이 더 아름답게 꽃 피기를 기대합니다. 형통한 날이나 곤고한 날이나 날마다 아버지를 의지하며 인내와 소망으로 살게 해주세요."

골프공 인생

지금껏 흠 많은 상처투성이인 내 몸을 이끌고 이리 저리 구르고 내 힘과 지혜로 열심히 살아보려고 애써왔다. 그러나 이제는 골퍼의 인도함을 기다리며 푸른 잔디에 홀로 놓인 작은 골프공처럼, 유능한 내 인생의 골퍼(Golfer)이신 하나님 아버지의 인도하심을 잠잠히 기다리려한다.

I

지금은 대중화 되었지만 평소 돈 많고 한가한 사람들이 자기 과시로 하는 것이라는 편견을 갖고 있던 것이 골프였다. 평범한 서민들은 평생 골프장 출입 한 번도 못해보는 사치스러운 것이라고 여겨졌다. 작은 구멍에 공을 넣으려고 다 큰 어른들이 멀리 외진 곳으로 차를 타고 가서 작대기를 들고 시간을 낭비하며 산을 이리저리 돌아다니는 것이 뭐가 재미있고 대단하다고 난리들인지 한심하다고 생각했다.

이렇듯 돈을 줘도 안할 것 같이 생각했던 내가 회사 일과 관련하여 골프를 배워야 하는 상황이 발생되었다. 사업상 또

골프공 인생

는 중요한 사람들과의 만남에 골프가 거의 필수가 되다시피 했기 때문이었다. 마음이 탐탁지 않고 흥미도 없었지만 회사 근처 실내 골프 연습장에 갔다.

골프는 다른 운동과는 달리 자세가 매우 중요해서 똑같은 자세 연습만 반복하게 되었다. 그러다보니 싫증도 나고, 퇴근 후엔 집에 일찍 가려고 점심식사 후 시간을 이용하여 잠깐씩 연습한지라 실력도 잘 안 늘었다. 이런 저런 핑계로 빠지는 일도 많아서 3개월 치 돈을 내고 실제 다닌 기간은 1개월 정도였다.

어렸을 때는 골프공이 희귀해서 사람들이 어쩌다가 한 개를 주우면 굉장한 것을 획득한 듯 자랑하고 싶어 하곤 했다. 그러다보니 TV 위나 집안 잘 보이는 곳에다 장식용으로 공 하나를 올려놓은 집들이 간혹 있었다. 그런 골프공을 세월이 흘러서 골프 연습장에서 직접 많은 양을 만져보니 감회가 새로웠다. 어릴 적부터 항상 궁금했던 것이 골프공에 많이 있는 홈(dimple)이었다.

'왜 골프공엔 다른 공과 달리 울퉁불퉁하게 파인 홈이 많이 있지? 그것도 보기 흉하게 수백 개가…'

꼭 사람 얼굴에 보기 흉하게 파인 곰보 같았다. 요즘엔 거의 보이지 않지만, 내가 어렸을 땐 이런 얼굴의 사람들을 간간히 볼 수 있었고 사람들이 '곰보'라고 놀렸다. 그러니 당사자들은 부끄럽고 참 괴로웠을 것이다.

골프공은 다른 공들처럼 표면이 매끄러우면 멀리 날아갈 것 같고, 홈이 파여져 있으면 잘 안 구르고 공기의 마찰로 덜 나갈 것 같은데, 다른 공들과 달리 유별난 모양을 가지고 있다. 나중에 인터넷으로 검색하여 알게 된 사실이지만, 실제로는 표면이 밋밋한 공 보다는 홈을 파 놓은 골프공이 공기저항을 줄이고, 공의 날아가는 방향성을 좋게 하여 2배 정도 훨씬 더 멀리 날아간다고 한다. 원하는 위치로의 '방향성'(方向性)과 날아가는 '비거리'(飛距離)를 둘 다 좋게 해주는 것이다.

어느 주일 예배 말씀이 "우리가 알거니와 하나님을 사랑하는 자 곧 그의 뜻대로 부르심을 입은 자들에게는 모든 것이 합력하여 선을 이루느니라"(롬 8:28)였다.

예배를 드리려 앉아 있었지만 예배에 큰 기대감도 없고, 사는 것도 별로 재미가 없고, 못난 내 자신과 하나님께 불평과 원망하는 마음으로 불만스럽게 뒷자리에 앉아 있었다. 출근 도장을 찍듯 형식상, 의무적으로 주일 예배에 참석한 꼴이었다. 그러다보니 그날따라 평소 예배 때에 안 했던 행동인 팔짱이 자연스럽게 끼어졌다.

'그래도 팔짱끼고 이러면 안 되는데… 내가 이러면 안 되

는데… 에라, 모르겠다. 될 대로 되라.'

여러 가지 잡다한 생각을 하느라 설교도 귀에 안 들어왔다. 그냥 빨리 예배가 마쳤으면 하는 마음이었다. 그런데 갑자기 전에 골프 연습할 때 봤던 골프공이, 사람 키만하게 크게 확대가 되어서, 내 머리 바로 위로 보름달처럼 둥글게 떠올랐다. 설교를 듣다가 일어난 일에 기겁하여 깜짝 놀랐다.

'이게 무슨 일이지?'

다른 사람은 볼 수 없는 환상으로 나에게만 보이는 것이었다. 그 순간이었다. 마치 골프공이 내 자신처럼 연상되더니 그 안에 있는 커다란 수백 개의 홈이 눈에 확 들어왔다. 흉하게 보이는 홈 하나하나가 지난날의 나의 실패, 좌절, 고통, 상처, 단점들이라고 느껴졌다. 내 자신과 내가 살아온 인생의 안 좋았던 것을 모두 모아놓은 것 같았다.

커다란 수백 개의 홈이 나에게 한꺼번에 다가와 보이자, 그 압박감에 갑자기 숨이 막힐 정도로 고통스럽고 슬펐다. 감당하기 벅찬 괴로움으로 몸이 뒤틀려지며, 내 자신을 어떻게 제어하지 못할 정도였다. 이때, 하나님 아버지의 음성이 들려왔다.

"골프공이 홈으로 말미암아 정확히, 멀리 날아갈 수 있는 것처럼 내가 너의 실패와 고통, 상처와 단점, 모두를 사용하여서 오히려 멀리 날아갈 수 있도록 하겠다."

음성을 듣자마자 주일 설교 말씀과 연관이 있다는 것을 금방 알 수 있었다.

"우리가 알거니와 하나님을 사랑하는 자 곧 그의 뜻대로 부르심을 입은 자들에게는 모든 것이 합력하여 선을 이루느니라."

말씀을 통해 골프공을 비유로 나를 위로해주셨던 것이다. 조금 전까지만 해도 내 자신에게 실망하고 하나님을 원망하며 침울해서 팔짱까지 하며 예배당 뒷자리에 앉아 있었던 마음과는 달리, 자세를 고쳐 앉고 하나님 아버지의 위로로 예배 내내 굵은 눈물을 흘렸다. 내 옷과 바지로 눈물이 뚝뚝 떨어져서 옆 사람들이 쳐다보는 것이 의식되었지만 멈춰지지가 않았다.

그날 예배의 마지막에 모두 일어나서 '주 날 일으키시네' (You raise me up)라는 찬양을 불렀다. 내가 서있는 것이 아니고 내 자신이 마치 수백 개의 흉한 홈으로 가득 찬, 자랑할 것 없는 작은 골프공이 되어 서있는 것 같았다.

골프공
인생

그렇게 느껴지자 나의 모든 자랑과 의지, 교만한 인간적인 힘이 쭉 빠지고 다른 때보다도 하나님 아버지를 의지하는 마음이 간절해졌다. 평소에 많이 불렀던 찬양이었지만 말씀으로, 또 골프공을 비유로 위로해 주셨기에 가사 한 줄 한 줄이 나의 간절한 마음이 담긴 눈물로 부르는 고백이 되었다.

⟨You raise me up (주 날 일으키시네)⟩

내 영혼 지치고 피곤할 때에
근심 걱정 내 맘 짓누를 때
난 잠잠히 주님을 기다리네
주님 내 곁에 오실 때까지

주 날 일으켜 산 위에 세우네
거친 바다 위 걷게 하시네
주만 의지할 때 강함주네
크신 능력 내게 부어주시네

골프공은 자신의 힘으로 날아갈 수가 없다. 골프공은 골퍼가 있어야만 그 존재의 의미가 있기 때문이다. 그러므로 훌륭한 골프선수를 만나야 골프공은 멀리, 제 위치로 날아갈 수가 있다. 하나님께서는 최고의 '골프 선수'이고 나는 상처 투성이 '골프공'이다.

지금껏 홈 많은 상처투성이인 내 몸을 이끌고, 이리 저리 구르고 내 힘과 지혜로 열심히 살아보려고 애써왔다. 그러나 이제는 골퍼의 인도함을 기다리며 푸른 잔디에 홀로 놓인 작은 골프공처럼, 유능한 내 인생의 골퍼(Golfer)이신 하나님 아버지의 인도하심을 잠잠히 기다리려한다.

나를 내가 원하는 곳이 아닌 하나님께서 원하시는 곳으로 더 멀리, 안전하고 바르게 보내주시기를 기다릴 뿐이다. 나를 향한 선하신 예비하심이 있는 곳으로, 깃대가 꽂혀진 승리의 그곳인 천국에 홀 인(hole in) 될 때까지…

"아버지, 저는 단점이 많은 홈 많은 골프공입니다. 그동안 자랑할 것 없는 저의 삶, 부족한 저의 모습 등 원치 않았던 수많은 홈을 보며 위축되고 낙심했습니다. 다른 사람과 비교해 홈의 크기와 수가 많아 보였습니다. 쓸모없어 보이는 홈을 통해서 골프공이 더 멀리 더 정확하게 날아가는 것처럼, 제 인생의 이런 흉한 홈 하나하나가 오히려 제가 더 낮아지고 아버지를 더욱 의지할 수 있게 되는 신앙의 밑거름으로 사용되길 원합니다. 저의 부족함까지도 바꾸어 선(善)하게 사용하시는 아버지의 은혜에 감사드립니다. 골프공 인생 같은 저의 삶이 제가 원하는 대로 살지 않게 하시고, 아버지께서 원하시는 삶으로 살아갈 수 있도록 이끌어주세요."

교회 갈래?

우리가 성경 말씀을 많이 알고 말을 조리 있게 잘해야만 전도가
되는 것이 아니다. 전도의 훈련을 받고 전도의 은사를 가진 사람만
열심히 해야 하는 것도 아니다. 전도는 하나님의 자녀라면 당연히
해야 할 사명이자 명령이다.

|

처음 출석했던 교회를 7년 정도 다니다가 그곳 부목사님 중 한 분이 개척하신 교회로 옮겼다. 가장 큰 이유는 전도 때문이었다. 7년 동안 주위 사람들에게 전도하고 병원 전도, 교회 소식지를 나눠주는 등 열심히 하였다. 그러나 실제로 교회로 한 명도 데려오지 못했다. 물론 사람을 데려오지 않고 하는 전도도 다 같은 전도이지만…

개척교회는 인원이 적기에 여러 가지 책임도 맡게 되고, 전도해야 할 부담감과 책임감이 더 생긴다. 그래서 내가 더 전도에 신경을 쓰고 열심히 할 것 같았다. 목사님 부부와 학

교회 갈래?

생인 자녀 3명 외에 교인은 나 혼자였다. 교인들이 없다보니 모든 예배 때마다 빠지지 말고 참석해야 했다. 지하층에 있는 작은 교회이고 바로 앞에 좀 더 큰 교회가 있었는데, 어쩌다 한 두 명이 한 번 왔다가는 다시 안 와서 6개월이 되었는데도 새로운 교인이 생기지 않았다.

그때 나는 개인적인 상황 때문에 전도에 집중할 수가 없었다. 그러다보니 교인으로서 역할을 못하여 목사님을 보기가 미안했다. 토요일 오후 늦은 시간, 아무도 없는 교회에서 간절히 기도를 하였다.

"하나님 아버지, 오늘 한 명이라도 전도 할 수 있게 해주세요. 만약 안 그러시면 저 내일부터 이 교회 안나오겠습니다. 목사님 볼 면목이 없습니다. 저는 단지 입만 열테니 아버지께서 사람의 마음을 움직여 주세요."

어른을 바로 전도한다는 것은 쉽지 않기에 가까이에 있는 초등학교 운동장으로 향했다. 운동장을 막 들어서자 맞은편에서 4학년 이상 되어 보이는 어린이가 자전거를 타고 내 쪽으로 오고 있었다. 나는 그 아이의 얼굴을 보자 내 말을 안 들을 것 같아서 그냥 지나치고 다른 아이들에게 가려고 했다. 하지만 그 아이와 내가 서로 지나치는 순간 크게 음성이 들렸다.

"네가 전도하려 하느냐?"

나는 화들짝 놀랐다. 조금 전 기도했던 내용이 생각났다.

"하나님 아버지, 저는 단지 입만 열 테니 아버지께서 사람의 마음을 움직여주세요."

하나님께 맡긴다고 말을 하였지만, 사람의 얼굴을 보고 미리 안 믿을 것 같다고 판단해버린 것이다. 나는 뒤돌아서서 자전거를 타고 가는 그 아이에게 소리를 쳤다.

"야! 너 교회 갈래?"

하나님의 음성을 듣자 얼떨떨한 상태에서, 그냥 이렇게 나오는 대로 말한 것이다. 그 아이는 뒤를 돌아보더니 나를 보며 말했다.

"교회가 어디에 있는데요? 한 번 가 봐요."

나는 깜짝 놀랐다. 전혀 기대하지 않았기 때문이다. 아이와 함께 가서 우리 교회를 보여주었다. 아이는 내일 꼭 온다고 말하고는 인사를 하고 갔다. 나는 어쨌든 한 명을 전도했

기에 내일 교회를 떠나지 않아도 되었지만, 혹시 모르니 운동장에 가서 몇 명 더 전도하기로 했다. 내가 주일학교 선생도 맡았기에…

아까는 내가 전도한다고 하니 어렵게 느껴졌는데, 하나님의 음성을 듣고서 '전도는 내 능력으로 하는 것이 아니고 하나님이 하시는 것'이라는 것을 알게 되자, 덜 어렵게 느껴졌다. 그리하여 다음 주일에 생각지도 못한 어린이 15명이 와서 너무나 즐거운 주일학교 시간을 보냈다. 그런데 보통 교회 주일학교를 주일 아침 일찍 시작하다보니, 아이들이 교회에 오고 싶어도 부모님들이 아침 일찍 안 일어나서 못 오게 되는 경우가 많았다. 그러다보니 주일에 틈틈이 교회 부근에서 놀고 있는 아이들을 전도해야 했다.

기억에 남는 초등학생 남매가 있었는데 그 아이들은 교회 가까운 곳에 살았다. 나는 전날 교회에서 잤는데 아침 7시경 문을 두드리는 소리에 나가보니, 남매가 교회에 빨리 가고 싶어서 일어나자마자 잠옷 바람으로 온 것이었다. 마음이 뭉클하였다.

교회에 오는 것을 너무나 좋아하고, 선생님도 잘해주신다고 어찌나 자랑을 하였던지, 믿음이 없는 어린이의 어머니로부터 고맙다며 교회에 가서 인사드리겠다는 전화도 온 적이 있었다.

놀이터에서 만난 어떤 예쁜 초등학생 여자아이는, 전도하자 너무 좋아하며 꼭 교회에 온다고 손가락 걸고 약속했지만, 안 오고 몇 주간 놀이터에도 보이지 않았다. 나중에 놀이터에서 만나자 우울한 표정을 지었다. 내가 하나님에 대해 이야기 해준 것이 너무 좋아서 엄마에게 이제 교회 다닐 거라고 했다가, 교회를 싫어하는 엄마가 자기의 머리털을 뽑아버리겠다고 화를 내어서 못 오게 되었다고 했다.

이렇게 2년 반 동안 개척교회에 주일학교 선생으로 있으면서 많은 어린이들을 만났다. 신앙생활을 하면서 제일 많이 전도를 하게 된 복된 기간이었다.

한 번은 마을버스 뒷자리에 앉아 가는데, 내 옆에 있는 사람이 나를 계속 쳐다보았다. 괜히 시선을 마주치기가 그래서 가만히 있었다. 갑자기 그 사람이 나에게 신경질을 내었다.

"왜 옆에 있는 나를 전도하지 않아요?"

뜬금없는 말에 너무나 당황했다.

'나를 어떻게 알고 그러지? 그리고 무슨 갑자기 전도를…'

이 사람의 말을 듣고 정신도 없는데다가, 업무 관련하여 회의를 하러 가는 길이었기에 금방 내려야해서 그 사람에게 전도하지 못했다. 나에게 원망의 눈초리를 쳐다보던 그 눈

빛이 아직도 기억에 남는다. 연락처라도 받았으면 좋았으련만… 죽어가는 영혼들이 하나님을 만나 생명 얻기를 간절히 원하고, 또 나에게 생명의 복음을 전하는데 힘쓰라는 하나님의 메시지인 것으로 여겨서 많은 생각을 하게 된 사건이었다.

"너는 말씀을 전파하라 때를 얻든지 못 얻든지 항상 힘쓰라 범사에 오래 참음과 가르침으로 경책하며 권하라"(딤후 4:2).

또 한 번은 강남역에서 내려 개찰구에 지하철 표를 내고 막 나오는 순간이었다. 갑자기 어느 여자가 나에게 말했다.

"도(道)를 믿으십니까?"

단박에 대순진리회 종교를 믿는 사람인지 알았다. 다른 종교는 어떤 것인지 연구를 하였었기에, 귀신에 사로잡힌 불쌍한 사람이라는 것을 알았다. 또한 예전에 이 종교를 믿는 사람이 나와 이야기하면서 벌벌 떤 적이 있었다. 자기 안에 있는 조상신을 내 안에 있는 기독교 신이 괴롭혀서 떤다고 말했었다. 그 사람 안에 있는 귀신이, 나와 함께 하시는 하나님의 영 즉, 성령님의 권위에 놀라 떠는 것 같았다.

그래서 이번에도 지하철역에서 갑자기 나에게 말한 이 여자를 지배하고 있는 악한 귀신이 내가 하나님의 자녀임을 알아보는가 하여 시험을 하듯이 이렇게 말했다.

"너, 나 몰라?"

그러자 이 여자는 당황하며 말했다.

"예수 잘 믿으세요!"

그러고는 놀라며 후다닥 뛰어서 도망을 갔다. 그냥 아무 이야기도 안하고 단지 "너, 나 몰라?"라고 했을 뿐인데도, 내가 예수님 믿는 사람인 줄을 어떻게 알았을까? 결국 그 사람 안에 있는 악한 귀신이, 내가 하나님의 자녀이고 하나님이 함께 하는 것을 내가 당당히 말하니 무서워서 도망한 것이라고 생각된다. 나는 걸으며 속으로 이렇게 말했다.

'나도 도(道)를 믿는다. 다른 이상한 도가 아닌 예수 그리스도!'

"예수께서 말씀하시기를 내가 곧 길이요 진리요 생명이니 나로 말미암지 않고는 아버지께로 올 자가 없느니라"(요 14:6).

최근에 친척 분을 전도하게 되었다. 그분의 살아왔던 것과 여러 번의 단호한 거절을 볼 때 가능성은 거의 없었다. 그러나 하나님 아버지께서는 포기하지 않으셔서 친척분의 마음을 움직이셨다. "하나님께서 하셨구나!"라는 소리가 저절로 나왔다.

우리가 성경 말씀을 많이 알고, 말을 조리 있게 잘해야만 전도가 되는 것이 아니다. 전도의 훈련을 받고 전도의 은사를 가진 사람만 열심히 해야 하는 것도 아니다. 전도는 하나님의 자녀라면 당연히 해야 할 사명이자 명령이다. 우리가 좋은 것을 알 때 당연히 주변 사람에게 알려주듯이, 하나님의 자녀라는 것을 말하는 것이 감사하고 당당하고 자랑해야 할 일이지, 결코 부끄러워 숨길 것은 아니다.

"내가 복음을 부끄러워하지 아니하노니 이 복음은 모든 믿는 자에게 구원을 주시는 하나님의 능력이 됨이라"(롬 1:16).

내 능력과 방법으로 전하려하면 망설이게 되고 자신감이 사라진다. 사람을 보고 미리 믿을 사람 같은지 아닌 지를 판단하게 된다. 예전에 내가 운동장에서 자전거를 타고 오는 어린이를 보고 미리 판단하여 지나쳤던 것처럼 말이다.

구원은 사람의 얼굴과 몇 번의 거절을 당하고 판단하여, 내가 결정하는 것이 아니다. 씨를 뿌리면 언젠가는 열매가 열리듯이, 우리가 해야 할 일은 열심히 입을 벌려 복음의 씨를 뿌리는 것이다. 열매를 맺게 하실 하나님의 도우심과 믿음으로…

"아버지, 저를 기다리고 인내하여 주시고 마침내 아버지의 자녀로 구원해 주셨음에 감사드립니다. 세상의 작은 것도 주변 사람들에게 자랑하거늘, 그 무엇보다도 하나님 아버지를 더욱 힘써 기쁘게 자랑할 수 있게 해주세요. 부담과 의무가 아닌 기쁨과 자원함으로, 묵묵히 성실하게 복음의 씨를 뿌리는 제가 되길 원합니다."

껌 파는 할머니

이웃사랑을 말하면서 실상 실천에 옮기지 못하는 것은 '돈의 여유'가 없어서가 아니고, '마음의 여유'가 없어서이다. 우리가 부모 되신 하나님께 받은 은혜를 어찌 다 갚을 수 있단 말인가? 하나님 아버지께서 주신 시간, 물질, 재능으로 자신의 행복만을 위해 온갖 정신을 쏟으며 골몰할 때 주변에서는 오늘도 내가 가진 것의 지극히 일부인, 생명 같은 천 원의 사랑의 손길을 기다리는 껌 파는 할머니, 바로 예수님이 계신다.

I

회사 근처 건널목을 지나가다 보면 껌 파는 할머니가 보인다. 이 할머니를 본지는 몇 달이 되어간다. 구부정한 자세로 한 손에는 껌이 든 바구니를 들고 계신다. 얼굴에 깊게 파인 크고 작은 주름들이 어려운 인생을 살아오신 증거물 같았다. 건널목을 지나가는 사람들에게 껌을 사달라는 말은 못하고 바구니만 슬쩍 내미신다. 나도 지나치다가 몇번 천 원을 주고 껌을 산 적이 있었다.

"고맙습니다! 감사합니다! 복 많이 받으세요!"

그때마다 할머니는 연신 작은 키에 구부정한 허리를 몇 번이나 더 굽히시며 고마워하며 인사해주셨다. 어느 날 저녁이었다. 밤늦게까지 일할 것이 있어서 사무실에서 먹으려고 음식을 샀다. 식당 문을 열고 나오는데 어두운 골목길 오른편에서 뭔가 부스럭거리는 소리와 함께 사람의 움직임이 느껴져서 놀랐다. 고개를 돌려서 자세히 보니 껌 파는 할머니의 모습 같았다.

'할머니가 이 시간에 여기서 뭐 하시지?'

검정 비닐봉지에 담긴 알 수 없는 음식을 어두운 골목길의 시멘트 바닥에 그냥 놓고 드시고 계셨다. 그 모습이 너무나 애처로워 보이고 마음이 울컥하여서 그냥 지나칠 수가 없었다. 마침 옆에 껌 바구니가 보이기에 다른 때와 달리 오천 원을 놓고 껌 한 통을 들었다. 껌을 잘 안 씹기기 때문에 그냥 돈만 드리고 싶었지만, 할머니는 구걸하는 분이 아니기에 마음을 편하게 해드리려고 껌을 집은 것이다.

이렇게 하지 않고서는 음식을 혼자 먹는 내내 할머니의 모습이 떠오를 것 같은 기분이었다. 혼자 먹으려고 산 이만 오천 원짜리 제일 큰 대자(大字) 족발이, 시멘트 바닥 위에 놓인 검정 비닐봉지 안에 있는 값 싸 보이는 음식과 비교가 되었다. 왠지 내가 사치스럽게 느껴져서 할머니에게 미안한 마

껌 파는
할머니

음이 들었다. 할머니는 껌 값에 비해 큰돈을 주고 가자 깜짝 놀라셨다. 돌아서는 나의 뒷모습에 대고 너무 고맙다는 음성으로, 항상 그러하시듯이 말씀하셨다.

"고맙습니다! 감사합니다! 복 많이 받으세요!"

나는 착한 일을 한 것 같고 신앙인다운 행동을 한 것 같아서 마음이 뿌듯하였다. 며칠 후에도 길거리에서 할머니를 발견하고는, 그냥 가려고 지나치다가 다시 돌아가서 껌 한 통을 샀다. 그동안 책상 서랍 안에 할머니로부터 산 껌이 아직 많이 있었고, 껌도 잘 씹지 않지만 도와주려는 마음 때문이었다. 그런데 그날은 뒤돌아서서 몇 발자국 걸었는데도 할머니로부터 아무 반응이 없어서 이상하다고 생각되었다.

'오늘은 왜 고맙다고 안 하시는 거지? 껌을 사면 할머니의 반응이 있었는데 웬일일까?'

의아한 마음으로 뒤를 돌아보았다. 돌아서는 그 순간 나의 내면의 상태를 느낄 수 있었다. 내가 할머니에게 무슨 일이 있나 싶어서 걱정하는 마음으로 뒤돌아본 것이 아니고, 할머니를 도와줬는데 고맙다는 등 아무 반응이 없어서 섭섭해하는 마음으로 뒤돌아본 것이었다.

'아니 이 할머니 봐라? 내가 오늘도 도와주려고 필요도 없는 껌을 일부러 사줬는데 고맙다는 말이 없네?'

그동안 순수한 마음으로 껌을 사준 것 같았는데, 이런 야비하고 이중적인 마음이 저변에 숨겨져 있었음을 발견하고는 소스라치게 놀랐다. 할머니의 모습은 다른 때와는 달리 지쳐서 매우 힘겨워하고 있었다. 5분도 있기 어려운 더운 여름날, 대로변 길거리에 계속 서 있었기 때문에 힘들어서 기력이 없으셨던 것이었다. 평상시와 다르게 몸을 가로수에 기댄 채 얼굴은 벌겋게 되고 허리는 더 굽혀지고 눈에 힘이 풀려 보이고 매우 숨이 차 하셨다. 그래서 말할 힘조차도 없었던 것이다.

할머니의 얼굴을 확인한 후 다시 뒤돌아서서 걸으며 얼굴이 화끈거리며 참 당황스러웠다. 돈 천 원으로 할머니에게 매번 듣는 감사하다는 말을 듣지 못해 섭섭해 한 나의 모습이 너무나 부끄러웠다. 사랑을 실천한다고, 남을 돕는다고 교회에서 여러 가지 활동으로 바쁘게 움직였지만, 내 마음 깊숙한 그 속엔 인간적인 '나의 의'(義)가 가득했음을 발견하게 되었다. '조건 없는 사랑'이 아닌 내가 남을 도와줬다는 의로움과 칭찬, 대가, '보상 심리'가 내면에 깔려있었던 것이었다.

오늘도 할머니를 보고 그냥 지나치다가 다시 돌아가서 껌 한 통을 샀다. 할머니는 오늘도 전과 같이 연신 "고맙습니다!

껌 파는 할머니

감사합니다! 복 많이 받으세요!"라고 굽은 허리를 더 굽히며 정성껏 인사해주셨다. 껌을 주머니에 넣으며 뱃속에서 큰 주먹이 올라오는 것 같이 남을 도왔다고 스스로 만족해하는 '나의 의'를 억지로 누르며 돌아섰다.

지난 번 어두운 골목길 바닥에 앉아서 식사하시던 할머니를 봤던 그날 욕심을 내고 혼자 다 먹을 것 같아서 제일 비싸고 큰 대자(大字) 족발을 샀다. 하지만 그날따라 몇 점을 안 먹었는데도 배가 불러서 결국 다 먹지 못했다. 여름철이고 사무실에 냉장고가 없었던지라 나머지는 버렸다. 아까운 비싼 음식을 버리며 껌 파는 할머니가 다시 생각났었다.

우리도 이런 다 먹을 수 없는 대자(大字) 족발이라는, 다 채워지지 못할 자신만을 위한 대자(大字) '욕심'으로 살고 있지 않은지... 현재 자신이 갖고 있는 것이 부족하다며 더 채워져야 한다고 생각하기에 "주변에 어려운 이웃은 나중에 여유가 생기면 그때나 생각해보지 지금은 내 살기도 바쁘다"라고 한다. 어려운 사람에게 한 달에 만 원을 쓰기도 부담스러워한다. 그러면서 오천 원 되는 커피는 식사한 후엔 으레 필수로 마신다. 커피에 더하여 케이크이나 빵, 쿠키를 별도로 먹는 것이 당연한 코스가 되었다.

"밥 금방 먹고 또 먹으면 배가 부르지 않냐?"고 물어보면 "요샌 이런 것들을 먹어줘야 한다"라고 말한다. 이제는 누구를 만날 때 커피숍에 가서 커피만 시키면 상대방에게 인색하게 보이고, 세련됨과 낭만을 모르는 센스가 없는 사람처럼 비춰지는 시대가 되었다.

이렇게 우리가 이웃 사랑을 말하면서 실상 실천에 옮기지 못하는 것은 '돈의 여유'가 없어서가 아니고, '마음의 여유'가 없어서이다. 우리가 부모 되신 하나님께 받은 은혜를 어찌 다 갚을 수 있단 말인가? 하나님 아버지께서 주신 시간, 물질, 재능으로 자신의 행복만을 위해 온갖 정신을 쏟으며 골몰할 때 주변에서는 오늘도 내가 가진 것의 지극히 일부인, 생명 같은 천 원의 사랑의 손길을 기다리는 껌 파는 할머니, 바로 예수님이 계신다.

"가난한 사람을 돕는 것은 여호와께 빌려 주는 것이니 여호와께서 그의 선행을 반드시 갚아주실 것이다"(잠 19:17).

"임금이 대답하여 이르시되 내가 진실로 너희에게 이르노니 너희가 여기 내 형제 중에 지극히 작은 자 하나에게 한 것이 곧 내게 한 것이니라 하시고"(마 25:40).

"이에 임금이 대답하여 이르시되 내가 진실로 너희에게 이르노니 이 지극히 작은 자 하나에게 하지 아니한 것이 곧 내게 하지 아니한 것이니라 하시리니"(마 25:45).

껌 파는
할머니

예수님의 이름으로 어려운 사람을 도울 때 하나님을 빚지게 하는 거라고 말씀하신다. 더군다나 그의 선행을 하나님께서 갚아주신다고 하신다. 또한, 지극히 작은 자에게 한 것이 하나님께 한 것이고 지극히 작은 자에게 하지 않은 것이 하나님께 하지 않은 것이라 하신다. 눈에 보이지 않은 하나님을 사랑하는 것은, 눈에 보이는 작은 자를 하나님의 사랑으로 사랑하는 것이다.

"형제들아 만일 사람이 믿음이 있노라하고 행함이 없으면 무슨 이익이 있으리요 그 믿음이 능히 자기를 구원하겠느냐 만일 형제나 자매가 헐벗고 일용할 양식이 없는데 너희 중에 누구든지 그에게 이르되 평안히 가라 더웁게 하라 배부르게 하라 하며 그 몸에 쓸 것을 주지 아니하면 무슨 유익이 있으리요 이와 같이 행함이 없는 믿음은 그 자체가 죽은 것이라"(약 2:14-17).

"하나님 아버지를 사랑한다고 나름대로 이웃을 위해 봉사를 했지만 돌아보니 저보다 많이 봉사하지 않은 사람들과 비교하며 마음 가득히 우쭐하였고 제 자랑이 되었습니다. 아버지의 사랑으로 한 줄 알았는데 대부분이 저의 인간적인 사랑으로 행하였습니다. 지극히 작은 자에게 한 것이 예수님께 한 것이란 말씀처럼, 어려운 사람을 볼 때 값싼 동정을 하지 않고 예수님께 하듯이 하게 해 주시고 모든 섬김에 저의 의가 아닌 '예수님의 의'만이 남게 해주세요."

내 인생의 신명기

인생의 밑바닥 같은 어려움을 겪게 된 경험을 통하여, 돈을 많이 벌어서 어려운 사람을 돕고 싶은 것보다도 더 중요한, '진실로 다른 사람의 아픔을 헤아릴 수 있는 마음'을 갖게 하셨던 것이다. 또한, 앞으로 나에게 주어주실 약속하신 모든 것이 하나님께로부터 온 것임을 고백하며 겸손하고 감사하며 살라고 하셨다.

I

회사를 다니다가 어렸을 때부터 하고 싶었던 사업을 하여서 경제적, 시간적으로 더 여유로운 생활을 하고 싶었다. 이로 인해 전도와 봉사활동도 활발히 하면서 의미 있는 인생을 살고 싶어서 1997년 하반기에 퇴사를 하였다.

신앙생활도 나름대로 열심히 한다고 생각하였기에, 사업에 아무런 경험도 없었지만 모든 것이 뜻대로 잘될 것 같은 확신을 갖고 시작했다. 새벽예배도 거의 빠짐없이 몇 년간 출석하였고 교회 집사님 한 분과 같이 매주 주일 아침 일찍이 병원에 가서 환자들에게 전도지를 드리며 기도를 해드렸다. 전도를 위해 매주 발행되는 설교 및 간증 등이 실린 교회 소식지를 교회 주변 가정집이나 상가 우편함에 넣었다. 그러기에 하나님께서 이런 나를 도와주셔서, 순조로이 곧 많은 돈을 벌 것 같았다. 새벽에 교회 맨 앞자리에 앉아서 이렇게 기도했다.

"하나님 아버지, 제가 많은 사람을 전도하며 하나님의 사랑을 전하고 싶습니다. 돈을 많이 벌어서 헌금을 많이 하여, 그 돈이 어려운 사람들을 위해 쓰여 졌으면 좋겠습니다. 저에게 몇 십억, 몇 백억을 주시든 아까워하지 않고 제가 다 하나님께 드릴 수 있습니다."

목표를 정하면 돈을 버는 것에 대하여 계획을 갖고 열심을 낼 것 같았다. 그래서 같은 공동체 모임에 나오는 교회 사무 일을 하는 자매를 찾아가 물어보았다.

"우리 교회에서 십일조를 제일 많이 하는 사람이 얼마를 하나?"
"그런 것을 왜 물어봐요? 가르쳐드릴 수 없어요."
"내가 사업을 시작했거든. 그래서 우리 교회에서 십일조를 제일 많이 하고 싶어서, 목표를 갖고 노력을 하려고 하니 제발 알려줘."

　　자매는 여러 번 거절하다가 나의 간곡한 태도와 끈질긴 부탁에 할 수 없다는 듯이 대충 말하였다.

　　"한 100만 원 정도 되는 것 같은데요. 대략 150만 원 정도면 제일 많이 하실 것 같아요."

　　그 자매가 정확히 알고 이야기를 한지는 모르겠으나, 내가 생각했던 것과 차이가 나서 이렇게 이야기했다.

　　"그것 밖에 안 돼? 우리 교회에 대단한 사람들이 많던데… 오호! 아무튼 올 해 말에 내가 1위 할 테니까 두고 봐."

　　자매의 기분은 아랑곳 하지 않고, 대단한 정보를 알았다는 듯 기분 좋게 교회 사무실에서 나왔다. 왜냐하면 나의 신앙의 열심과 선한 의도를 하나님께서 다 아시니, 그 정도 금액은 쉽게 이룰 수 있을 것 같았기 때문이었다.
　　그러나 이런 바람과는 달리 사업을 시작한 때부터 우리나라가 외환위기 환란, 소위 말하는 I.M.F(국제통화기금) 사태로 나라 전체의 경제상황이 어려워졌다. 많은 업체들이 한 순간에 문을 닫았고, 나도 여러 사정으로 그때 하던 일을 정리하게 되었다. 아무 경험도 없이 일방적인 믿음만 갖고 있었던 나는 졸지에 많은 돈을 손해 보게 되었고 집과 차 등 모든 것을 정리하니, 현찰은 손에 든 3천원이 전부였다. 전도도 다닐 수가 없고 전혀 움직일 수가 없었다. 나는 하나님 아버지를 원망하며 말했다.

"전도도 열심히 하려고 하는 저를 이렇게 한 것은 하나님 손해입니다. 저에게 어떻게 이렇게까지 하실 수 있습니까? 자식이 이렇게 되었는데 기분 좋습니까?"

기도하기는커녕 하나님께 윽박질렀다. 그동안 나의 수고가 무참하게 허물어진 것이었다. 좋은 직장을 다니고 교회생활도 열심히 하여서, 교회 내에서 어른들로 부터도 좋은 평판을 듣고 있었고, 신랑감으로 선도 많이 들어왔었다. 그런 내가 졸지에 오고 갈데없이 주머니에 3천원이 전부인 극히 초라한 신세가 된 것이다.

주일예배를 드리는데 왜 그렇게 위축되고 서글픈지, 찬양을 부르고 예배를 드리는 내내 처량한 신세의 눈물이 나왔다. 곧 헌금시간이 되었고 헌금 바구니가 내 앞으로 다가왔다. 나는 누가 빼앗아가지 않는대도 손은 바지 주머니에 있는, 목숨과도 같은 3천원이 완전히 구겨질 정도로 꼭 잡고 있었다. 갈등이 일어났다.

'네가 몇십억, 몇백억이라도 하나님께 드릴 수 있다고 했

내 인생의
신명기

는데, 그것에 비하면 3천원은 아무것도 아니니 모두 헌금해! 그러면 이제는 네가 소유한 종자돈은 아무것도 없게 되고, 앞으로 돈이 생기는 모든 것은 하나님께서 주시는 것이라고 당당히 말할 수 있지 않겠니? 3천원을 모두 드리는 것은, 하나님께 너의 전부를 드릴 수 있는 절호의 기회야.'

'아니야. 3천원이 없으면 당장 오늘 어떻게 보낼 거야? 하루에 컵 라면으로 천 원을 쓰더라도 3일은 버텨야지!'

정말 생명을 하나님께 바칠까 말까 하는 듯한 심각한 상황 속에서, 한 푼도 넣지 못하고 헌금바구니는 지나쳐갔다. 몇 십억, 몇 백억을 벌어서 하나님께 아낌없이 드릴 수 있을 것 같았던 나의 믿음이, 실상은 3천원 중에서 천 원도 못한다는 것에 허탈하고 괴로웠다.

'몇 년간 새벽마다 기도했던 나의 기도는 전부 거짓말이었던가?'

기도했던 것과 다른 나의 행동에 어이가 없어서 비통한 마음이었다. 그 순간, 불현듯 성경에 과부가 두 렙돈을 헌금했던 말씀이 떠올랐다(막 12:41-44절). 예수님께서 다른 사람들은 풍족한 가운데에서 헌금을 했지만, 과부는 가난한 가운데에도 자기의 생활비 전부를 넣었다고 칭찬하신 내용이다. 지금껏 이 구절을 볼 때마다 이런 생각이 들었었다.

'얼마 되지 않는 아주 적은 돈이고 과부가 또 벌면 되지, 그것 가지고 성경에까지 나오고 예수님이 칭찬할 정도인가?'

대수롭지 않고 별 것 아닌 것 같았던 가난한 과부의 신앙이, 지금 내가 과부와 같은 상황이 되어보니 나보다 좋은 것을 인정하게 되었다. 과부는 매우 적은 몇 푼을 헌금했지만 실제는 자신이 가진 것의 전부, 그 작은 돈이라도 없으면 하루를 보내기 어려운 절박한 상황에서도, 마치 생명처럼 소중한 것을 헌금한 것이나 마찬가지였던 것이었다.

예수님께서는 물질의 많고 적음을 보시는 것이 아니시고, 하나님께 향한 그 마음과 정성을 더 중요하게 보셨다. 그러기에 헌금을 한 여러 사람들 중에서 과부를 특별히 칭찬해 주셨다. 주변의 경제적 도움을 받기 어려운 보잘 것 없는 가난한 과부는, 하나님을 자신보다 소중히 여기며 진실하게 신뢰하고 의지한 것이었다. 이 성경 말씀이 떠올라서 믿음이 적은 내 자신을 자책하며 잠시 돌아보게 되는 중에, 갑자기 소리가 크게 들려서 깜짝 놀랐다.

"내가 언제 너보고 돈 벌어 오라고 그랬냐?"

하나님 아버지께서 나에게 말씀하시는 것임을 알 수가 있었다.

"네가 많은 돈을 번다고 해도 그것이 누구로부터 온 것이냐? 너의 것은 하나도 없다. 나는 너의 몇 십억, 몇 백억을 원하는 것이 아니라 너의 생명이라도 아낌없이 내게 줄 수 있는 그런 너를 원한다."

번개가 치듯이 내 몸에 전율이 흘렀다. 지금껏 수십 년을 살아오면서 아무것도 없는 처량한 신세가 되었는데, 하나님 아버지께서는 "원래 너의 것은 아무것도 없다"라고 말씀하신 것이었다.

'내가 맨 몸으로 태어났으니 내 것은 원래 아무 것도 없는 것이구나! 내 주머니의 먼지 하나, 내가 갖고 있는 볼펜 하나, 내가 지금 손에 들고 놓지 못하고 있는 생명 같은 3천원도, 나중에 자녀를 낳는다고 해도 그 자녀도 결국 내 것이 아니고 모두 하나님 아버지의 것이구나!'

"이르되 내가 모태에서 알몸으로 나왔사온즉 또한 알몸으로 그리로 들어가올지라 주신 이도 여호와시요 거두신 이도 여호와시니 여호와의 이름이 찬송을 받으실지이다"(욥 1:21).

하나님 아버지께서 원하시는 것이, 지금껏 나의 생각과 너무 달라서 놀랐고 몹시 부끄러웠다. 나는 돈을 많이 벌어서 하나님께 헌금을 많이 하고 싶어했다. 그러면 내가 하나님을 이렇게 많이 사랑하는 것임을 증명해 보이게 되고, 그 돈이 교회를 통해 어려운 사람을 돕고 복음을 전하는데 쓰이게 되어 하나님께서 기뻐하실 것이라 생각했다. 그러나 나의 좋은 의도를 다 아시지만 하나님 아버지께서 진정 나에게 원하시는 것은, '어떤 상황에서도 생명을 다해 하나님을 의지하고 신뢰하는 나'였음을 알려주셨다.

"나의 구하는 것은 너희의 재물이 아니요 오직 너희니라 어린 아이가 부모를 위하여 재물을 저축하는 것이 아니요 이에 부모가 어린 아이를 위하여 하느니라"(고후 12:14).

하나님께서는 아브라함의 믿음을 보시고 이삭을 살려주시고, 아브라함에게 큰 복을 주시어 믿음의 조상으로 세우셨다는 말씀이 있다. 하나님의 관심은 이삭이라는 제물이 아니고, 아브라함 '그 자신'이었다. "네가 제일 소중히 여기는 것보다도 나를 더 사랑하느냐?"를 말씀하시는 것이다.

새벽예배와 전도를 열심히 하여서 나는 믿음이 좋은 줄로 생각했고, 하나님 아버지께 나의 생명까지도 아낌없이 다 드릴 수 있을 것 같았다. 그러나 막상 처음으로 겪게 되는 인생 최대의 커다란 풍랑이 닥쳐오자 '나의 믿음의 속살'을 보게 된 것이다.

'그렇구나! 나는 실상 믿음이 없었구나!'

나의 작은 믿음으로 인해 깊은 슬픔과 동시에, 하나님 아버지께서 나를 위해 큰 깨달음을 주심에 감사하여, 그날 주일 예배를 마칠 때까지 뜨겁고 굵은 눈물을 흘렸다. 그 후 오래지 않은 어느 날이었다. 양재역 지하철 계단을 내려가는데 껌 파는 할머니가 나를 보고 간절히 말했다.

"껌 하나 사주세요. 네에~"

나는 못들은 척 무시하고 계단을 내려갔다.

'내가 지금 할머니를 도와줄 형편인가? 하필 보게 되어 마음이 불편해지네.'

전에는 어려운 사람이 눈에 잘 안 띄었는데 내가 어려움을 겪어보니, 사방에 어려운 사람들이 눈에 많이 띄었다. 안 좋은 마음으로 계단을 다 내려와서 지하철이 오기를 기다렸다. 그런데 방금 들은 할머니의 말끝에 올리는 "네에~"라는 음성이 계속 내 마음을 드릴(drill)의 날이 돌아가듯 후벼 팠다.

그 말의 음성이 얼마나 애타고 간절한지 어려움을 겪어본 나의 마음을 괴롭게 하여서 고통스러웠다. 그러나 지금 나의 형편으로는 남을 도와주는 것은 생각지도 못할 일이었다. '내가 지금 도와줄 형편도 아니고… 뭐 다른 사람들이 도와주겠지' 계속 이런 생각으로 지하철이 오기를 기다리는 그때였다.

"네가 가서 도와라!"

화들짝 놀랐다. 소리가 커서 주변에 있는 사람들도 들었나하고 두리번거리고 봤지만, 주변 사람들은 아무렇지 않게 서있고 오직 나에게만 들리는 하나님 아버지의 음성이었다. 동시에 나는 입은 벌리지 않았지만 내 의지와는 상관없이 자동으로 마음속으로 하나님께 말을 하고 있었다.

'하나님도 참 어이없으시네요. 주머니에 전 재산 7천원 밖에 없는데 어떻게 하라는 말이에요?'

지금 내 처지를 모르시는 것도 아니실 텐데 이런 말씀을 하시는 것이 참 납득이 안 되었다. 그러자 하나님께서는 진지하게 다시 말씀하셨다.

내 인생의
신명기

"너는 7천원이라도 있지 않느냐? 천 원을 할머니께 드려도 너에게는 6천원이 남아있지 않느냐? 다른 사람이 도울 것이라고 생각하지 말고 네가 도와라. 네가 돕지 않아서 할머니가 오늘 먹지 못하고 죽는다고 생각해보아라!"

음성을 듣고 어리둥절 하는 차에 할머니가 오늘 못 먹어서 죽을지도 모른다는 말씀에 덜컹 겁이 났다. 괜히 나 때문에 죽으면 곤란하기에, 어쨌든 할머니가 앉아 있는 계단으로 얼떨떨한 마음으로 급히 뛰어 올라갔다.

할머니가 내 마음을 불편하게 한 귀찮은 존재로 생각했었다. 그런데 하나님의 음성을 듣고 나니까 갑자기 마음이 겸손하여져서 마치 성경에 나오는 과부가 매우 적은 금액이지만 소중히 두 렙돈을 바치듯, 할머니를 예수님이라고 생각하고 아주 공손하게 천 원을 드렸다. 껌도 안 받고 재빨리 다시 되돌아가려는 나에게, 할머니는 눈물을 글썽이시며 고개를 숙이고 매우 고맙다고 하셨다. 할머니는 나에게 고마워하셨지만 나는 마음으로 오히려 하나님께 감사를 드렸고 이렇게 도울 기회를 준 할머니에게도 감사를 드렸다.

"하나님 아버지, 제가 이런 형편이었는데도 남을 도울 수 있게 해주셔서 감사합니다. 어려운 사람의 마음을 절박한 심정으로 느낄 수 있도록 해주셔서 감사합니다" 라고 기도를 하자 위축되었던 내게 말할 수 없는 벅차고 부유한 마음이 가득 찼다. 그리고 내 주머니에 남은 6천원이 6억 원처럼 많게 느껴졌다.

'나에게 여섯 명을 살릴 돈이 있구나.'

내가 기도하며 바라던 어려운 사람을 위해 수십억, 수백억의 도움을 준 것은 아니고 비록 천 원이었지만, 하나님 아버지께 그런 나를 보시고 매우 흐뭇해하시는 것 같아 뿌듯한 마음으로 지하철을 탔다. 그때 천 원은 지금껏 내가 남을 도운 금액 중에 제일 많은 금액이었다. 왜냐하면 내가 가진 것 전 재산의 1/7이었으니까…

생각지도 않은 소중한 많은 깨달음의 순간이었기에 흥분한 마음으로, 이동하는 지하철 안에서 방금 일어난 일에 대하여 생각하였다. 그리고 하나님 아버지께서 나에게 말씀하신 의미를 차분히 정리해 보았다.

1. 나의 인간적인 사랑으로 돕는 것이 아니고, 하나님의 은혜로 돕는 것이다.
2. 큰돈으로 도와야 하는 것이 아니고, 어려운 사람에게 천 원이라도 소중히 도와라.
3. 나중에 돕는다는 생각을 말고, 긴박감과 절실함을 갖고 지금 즉시 도와라.

내 인생의
신명기

4. '나 말고 남이 도와주겠지'가 아닌, 네가 도와 주어라.
5. 어려운 사람을 도울 때 값싼 동정 어린 투로 대하지 말고, 예수님께 하듯 하라.
6. 어려운 사람을 보고 귀찮아하지 말고, 도울 수 있는 기회를 주심에 감사하라.
7. 나보다 훨씬 더 어려운 사람이 있으니, 낙심하지 말고 감사하라.

"나그네 되었을 때에 영접하지 아니하였고 벗었을 때에 옷 입히지 아니하였고 병들었을 때와 옥에 갇혔을 때에 돌아보지 아니하였느니라 하시니 저희도 대답하여 가로되 주여 우리가 어느 때에 주의 주리신 것이나 목마르신 것이나 나그네 되신 것이나 벗으신 것이나 병드신 것이나 옥에 갇히신 것을 보고 공양치 아니하더이까 이에 임금이 대답하여 가라사대 내가 진실로 너희에게 이르노니 이 지극히 작은 자 하나에게 하지 아니한 것이 곧 내게 하지 아니한 것이니라 하시리니 저희는 영벌에 의인들은 영생에 들어가리라 하시니라"(마 25:43-46).

대기업 연구소 경력과 1급 국가기술자격증도 갖고 있었기에, 좋은 조건으로 다시 취업을 할 수도 있었다. 그러나 의욕도 없어지고 상황이 되면 다시 사업으로 승부를 보겠다는 오기가 생겼다. 언제쯤 내 상황이 좋아질지 마냥 기다릴 수가 없어서, 하나님과 기필코 단판(?)을 짓겠다는 각오가 생겼다. 그래서 하루도 금식한 적이 없었던 내가 5일간 금식할 계획을 잡고 기도원에 갔다. 유명하고 큰 기도원이었기에 평일에도 사람들이 매우 많이 있었다.

'내가 어쩌다가 금식을 하게 되었고 기도원까지 오게 되었나?'

세상의 문제란 문제를 다 안고 있는, 사람들이 오는 것이라고 생각했던 기도원인데, 젊은 내가 이런 문제 덩어리 같은 사람 수백 명과 함께 한 장소에 있게 되었다는 현실이 무척 불편하였고 내 자신이 한심하게 여겨졌다.

미리 이틀은 넉넉히 버틸 정도로 최대한 밥을 억지로 배에 꾹꾹 눌러 넣고 왔지만, 5일간 금식을 해야 한다는 생각을 하니 예배를 시작하기도 전부터 힘이 쭉 빠지며, 인간적인 다른 잡다한 생각을 할 마음의 에너지가 줄어들었다. 그런데 기도원 첫 예배 시간부터 놀라운 것을 체험하게 되었다.

기도원 강사 목사님의 말씀을 듣는데 몇십 미터 되는 길이의 크고 긴 파이프(pipe)가 목사님 입으로 부터 뒤쪽에 앉은 나에게 직통으로 연결된 것이 환상으로 보였다. 옆을 둘러보니 다른 사람들에게는 그런 파이프가 보이지 않았다.

내 인생의
신명기

그리고는 목사님께서 하시는 하나님의 말씀이, 그 파이프를 통해 상수도관에서 물 흐르듯이, 나에게 막 흘러 들어오는 것이 아닌가!

대예배당에 있는 수백 명의 사람들은 마치, 나를 위해 큰 공간을 채워준 엑스트라(extra) 같았고 하나님 아버지께서 나에게 직접 1:1로 말씀해주시는 것 같았다. 이렇듯 기도원에서 하루에 몇 번씩 드리는 예배마다, 말씀이 너무 은혜가 되어서 수첩에 바로바로 받아 적었다. 그 중에서 나를 위로하고 격려해주신 말씀중 하나는 다음과 같다.

"일반 병사훈련 다르고 장교훈련 다르듯, 나는 너를 장교로 훈련시킨다."

장교는 일반 병사가 치루는 모든 과정 및 필요한 학습과 훈련을 거쳐야, 비로소 책임과 역할을 제대로 감당할 수 있다. 물론 사람을 장교, 사병으로 계급을 두어 나누신다는 의미는 아니고, 또한 교회에서 직분이 높고 낮음을 말씀하신 것도 아니다. 하나님께서 쓰시기 위해서, 다른 사람을 섬기기 위해서, 섬김의 바른 자세를 갖춘 이로 준비되게 하신다는 의미임을 알 수 있었다.

"나무를 잘 자라게 하고 좋은 열매를 맺게 하기 위해서,

성장에 방해가 되는 잡다한 가지를 가지치기 하듯이, 너의 삶에 일어난 어려운 일들을 통하여 너의 잘못된 부분을 가지치고, 너를 더욱 좋은 열매를 맺을 수 있도록 하겠다"고 말씀하셨다.

그날 부른 찬양곡마다 평소에 많이 부르던 찬양이었지만, 그때 불렀던 찬양들은 희한하게도 가사 한 줄 한 줄이 하나님 아버지께서 직접 내 앞에서 말씀해주시는 음성으로 느껴져서, 얼굴은 눈물로 범벅이 되었다.

〈주만 바라볼찌라〉

하나님의 사랑을 사모하는 자(근수야!)
하나님의 평안을 바라보는 자(근수야!)
너(근수)의 모든 것 창조하신 우리 주님이
너(근수)를 얼마나 사랑하시는지
하나님께 찬양과 경배하는 자(근수야!)
하나님의 선하심을 닮아가는 자(근수야!)
너(근수)의 모든 것 창조하신 우리 주님이
너(근수)를 자녀 삼으셨네
하나님 사랑의 눈으로
너(근수)를 어느 때나 바라보시고

내 인생의
신명기

하나님 인자한 귀로써
언제나 너(근수)에게 기울이시니
어두움에 밝은 빛을 비춰주시고
너(근수)의 작은 신음에도 응답하시니
너(근수)는 어느 곳에 있든지 주를 향하고
주만 바라볼지라

    기도원에서 처음으로 5일 금식하는 동안, 매 순간마다 하나님께서 나에게 엄청난 위로와 용기와 격려를 해주셨다. 거울을 보면 내 눈동자가 마치 기름을 묻힌 듯이 윤기가 있게 반짝반짝 빛나며, 배고픔을 거뜬히 견딜 수 있는 더 큰 은혜가 나를 사로잡았다. 기도원에 갈 때에는 나에게 닥친 인생의 짐이 무거워서 힘겨워하며 억지로 갔다. 그러나 기도원에서 나서는 날은 하나님 아버지께서 나와 함께 하심을 다시 확신하고 힘든 인생의 과정이 그냥 고통이 아닌, 쇠붙이를 강한 불에 넣어 달군 후 두드려서 단단하게 하는 연단(練鍛)의 시간임을 확인하게 되었다. 집으로 향하는 나의 발걸음은 처음과 달리 용기와 감사로 부풀어진 풍선처럼 되어서, 마치 땅을 사뿐사뿐 걷는 느낌이었다.

    "그러나 내가 가는 길을 그가 아시나니 그가 나를 단련하신 후에는 내가 순금(純金)같이 되어 나오리라"(욥 23:10).

"여호와의 말씀에 내 생각은 너희 생각과 다르며 내 길은 너희 길과 달라서 하늘이 땅보다 높음같이 내 길은 너희 길보다 높으며 내 생각은 너희 생각보다 높으니라"(사 55:8-9).

그 후 어느 날이었다. 저녁에 방에서 성경책을 읽다가 갑자기 어떤 큰 힘에 의해서 몸이 뒤로 발라당 넘어졌다. 말씀에 '너'라는 글자가 나올 때마다 그 부분에서 글자가 크게 확대되어 튀어나오며, 커다란 손가락이 불쑥 튀어 나와서 나를 가리켰다. 나는 읽다가 놀라서 "억~" 소리를 내며 뒤로 넘어지기를 여러 번 하였다.

"내가 오늘 명하는 모든 명령을 너희는 지켜 행하라 그리하면 너희가 살고 번성하고 여호와께서 너희의 조상들에게 맹세하신 땅에 들어가서 그것을 차지하리라 네 하나님 여호와께서 이 사십 년 동안에 네게 광야 길을 걷게 하신 것을 기억하라 이는 너를 낮추시며 너를 시험하사 네 마음이 어떠한지 그 명령을 지키는지 지키지 않는지 알려 하심이라 너를 낮추시며 너를 주리게 하시며 또 너도 알지 못하며 네 조상들도 알지 못하던 만나를 네게 먹이신 것은 사람이 떡으로만 사는 것이 아니요 여호와의 입에서 나오는 모든 말씀으로 사는 줄

내 인생의
신명기

을 네가 알게 하려 하심이니라 이 사십 년 동안에 네 의복이 해어지지 아니하였고 네 발이 부르트지 아니하였느니라 너는 사람이 그 아들을 징계함 같이 네 하나님 여호와께서 너를 징계하시는 줄 마음에 생각하고 네 하나님 여호와의 명령을 지켜 그의 길을 따라가며 그를 경외할지니라 네 하나님 여호와께서 너를 아름다운 땅에 이르게 하시나니 그곳은 골짜기든지 산지든지 시내와 분천과 샘이 흐르고 밀과 보리의 소산지요 포도와 무화과와 석류와 감람나무와 꿀의 소산지라 네가 먹을 것에 모자람이 없고 네게 아무 부족함이 없는 땅이며 그 땅의 돌은 철이요 산에서는 동을 캘 것이라 네가 먹어서 배부르고 네 하나님 여호와께서 옥토를 네게 주셨음으로 말미암아 그를 찬송하리라 내가 오늘 네게 명하는 여호와의 명령과 법도와 규례를 지키지 아니하고 네 하나님 여호와를 잊어버리지 않도록 삼갈지어다 네가 먹어서 배부르고 아름다운 집을 짓고 거주하게 되며 또 네 소와 양이 번성하며 네 은금이 증식되며 네 소유가 다 풍부하게 될 때에 네 마음이 교만하여 네 하나님 여호와를 잊어버릴까 염려하노라 여호와는 너를 애굽 땅 종 되었던 집에서 이끌어 내시고 너를 인도하여 그 광대하고 위험한 광야 곧 불뱀과 전갈이 있고 물이 없는 건조한 땅을 지나게 하셨으며 또 너를 위하여 단단한 반석에서 물을 내셨으며 네 조상들도 알지 못하던 만나를 광야에서 네게 먹이셨나니 이는 다 너를 낮추시며 너를 시험하사 마침내 네게 복을 주려 하심이었느니라 그러나 네가 마음에 이르기를 내 능력과 내 손의 힘으로 내가 이 재물을 얻었다 말할 것이라 네 하나님 여호와를 기억하라 그가 네게 재물 얻을 능력을 주셨음이라 이같이 하심은 네 조상들에게 맹세하신 언약을 오늘과 같이 이루려 하심이니라"(신 8:1-18).

'아니, 왜 내 이야기가 이곳에 있지?'

마치 하나님께서 지금 내가 볼 것을 예상하고, 수천 년 전에 미리 나를 위하여 특별히 성경책 페이지를 할애해서 써 놓은 글 같았다. 다른 사람들이 보라고 써놓은 이야기가 아니고 직접 나에게 하시는 말씀처럼 느껴졌다.

'이럴 수가!'

나는 마음 깊숙이 감탄이 흘러나오며 손으로 무릎을 세게 쳤다. 그리고 하나님 아버지께서 나에게 향하신 고난의 엄청난 의미를 깨닫게 되었다. 왜 나에게 이런 어려움을 겪도록 허락하셨는지, 나의 잘못된 것이 무엇인지, 나에게 하시고자 하시는 말씀이 무엇인지 깨닫게 해주셨다. 나는 벅찬 감격으로 인해 무릎을 꿇고 감사의 눈물을 주룩주룩 흘렸다.

이스라엘 백성은 하나님께 대한 불순종 및 우상숭배의 결

과로 인하여, 애굽에 포로로 잡혀서 430년간 노예 생활을 하게 되었다. 그러나 이스라엘 백성을 사랑하시는 하나님께서 그들을 애굽으로 부터 구하여 주셨다. 그리고 며칠이면 갈 수 있는 약속하신 가나안을 앞에 두고, 이스라엘 백성을 40년간 허허벌판 광야에서 힘겨운 생활을 하게 하셨다. 그것은 앞으로도 이스라엘 백성을 구원하신 하나님의 은혜를 항상 잊지 않게 하시고, 하나님을 경외(敬畏)하는 백성으로 가르치시기 위한 것이었다.

하나님 아버지께서는 신명기 8장의 말씀을 통하여 내가 겪고 있는 이 어려운 상황에 대하여 말씀해주셨다. 나를 사랑하사 나에게 복(은혜)을 주시기 위해, 사전에 나의 잘못된 부분을 고치시고 나를 낮추고 겸손하게 만드시기 위한 것이라고 하셨다. 그러기에 광야생활 같은 고난을 통해 나를 먼저 훈련시켜, 하나님께서 기뻐하시는 뜻대로 올바르게 살아갈 수 있는 자녀로 만드신다는 것이었다.

인생의 밑바닥과 같은 어려움을 통하여, 돈을 많이 벌어서 어려운 사람을 돕고 싶은 것보다도 더 중요한, '진실로 다른 사람의 아픔을 헤아릴 수 있는 마음'을 갖게 하셨던 것이다. 또한 앞으로 나에게 주어주실 약속하신 모든 것이 하나님께로부터 온 것임을 고백하며 겸손하고 감사하며 살라고 하셨다.

처음 사업을 시작했을 때 교회 사무실에 찾아가서, 우리 교회에서 십일조 1위를 하겠다고 말한 것이 떠올랐다. 그때 나의 마음 속 깊숙한 곳에서는, "내가 이렇게 열심히 하나님을 믿으니 이렇게 잘 되었노라"라고 다른 사람 앞에서 나의 열심과 믿음을 자랑하고 싶은 교만함이 가득했다.

어려운 사람들을 돕기 위해서 돈을 많이 벌고 싶다는 것을 전면에 내세웠지만, 실은 다른 사람들 보다 부유한 생활을 하며, 편하게 인생을 살고 싶은 욕심도 가득 차 있었음을 돌아보게 되었다.

만약 내가 이러한 어려움이 없었더라면, 나의 자랑과 의로움으로 교만해지고 많이 변질되었을 것은 자명하였다. 또한 어려운 사람을 돕는다고 하면서 마치 '갑'과 '을'의 관계처럼, 내가 우월한 위치에서 뿌듯해하며 아랫사람을 도와주는 듯한 그러한 자세로 했을지도 모른다.

그날 하나님 아버지께서 바로 내 앞에서 말씀해주시는 것처럼 느껴져서, 무릎이 저절로 꿇어지며 성경책에 머리를 박은 채, 죄송함과 감사함의 눈물을 흘렸다.

'내 인생의 신명기'

비록 내가 바랐던 '탄탄대로 인생의 스케줄'은 아니었지만, 뒤돌아보니 그것은 사랑으로 이끌어주신, 나를 향한 '하나님 아버지의 훌륭한 스케줄'이었다.

내 인생의
신명기

"사람이 마음으로 자기의 길을 계획할지라도 그 걸음을 인도하는 자는 여호와시니라"(잠 16:9).

"아버지, 앞으로 저의 남은 인생에 고단한 광야생활이 더 있다하여도, 이를 통해 저를 더 낮추시고 더 겸손하게 해주세요. 하나님이 저의 삶을 인도하시는 분이심과, 모든 것이 아버지께로 부터 왔음을 진실하게 고백하고 감사하며 살아가길 원합니다. 제가 다른 사람들에게 아버지의 은혜의 복이 흐르는 통로가 되게 하시고 어려운 이들을 외면하지 않게 하시고, 많은 물질 보다 더 귀한, 저에게 주신 더 크고 소중한 예수님의 사랑을 전하며 섬기며 살게 해주세요."

너는 지금 죽어도

하나님의 말씀을 들은 후에, 갑자기 오래 살고 싶은 욕구가 이렇게 강하게 생긴 것은 난생 처음이었다. 그것은 단지 내 자신의 행복을 위한 육신의 생명을 연장시키고 싶은 마음이 아니라, 하루라도 더 살아야 하나라도 더 하나님께서 나에게 원하시는 일을, 또한 한 명이라도 더 영혼 구원하는 일에 쓰임 받을 수 있다고 생각했기 때문이었다.

﹣

교회를 다닌 지 몇 년이 안 되어서 아직 많이 부족한데, 교회 공동체 모임 사람들이 나를 좋게 봐주었다. 부담스럽게도 회장을 맡은 후, 1년 중에서 가장 큰 행사인 여름수련회가 다가왔다.

제일 중요한 것이 장소라서 여러 곳 중에서 후보지 A, B로 압축이 되었다. 나와 다른 임원들 모두 A를 수련회 장소로 했으면 하는데, 찬양을 인도해야 할 중요한 자리에 있는 형제가 혼자 너무 강하게 자기주장을 내세웠다.

"B라는 장소로 가지 않으면 저는 수련회 안 갑니다."

수련회 때에 찬양시간 비중이 매우 큰지라, 그 형제가 빠지면 큰 타격이기에 나는 큰 고민에 빠졌다. 그 형제는 나보다 나이는 적었으나 신앙생활도 오래하였고, 사회모임이 아닌 교회이다보니 내가 마냥 밀어붙일 수가 없었다. 그래서 중요한 수련회 장소는 결정되지 못한 채, 나는 이 형제로 인해서 처음으로 교회에서 소위 말하는 '시험'이라는 것에 잔뜩 들었다. 화창한 토요일 오후, 수련회 준비모임으로 교회로 차를 운전하며 가던 중, 찬양 인도하는 형제의 얼굴을 또 볼 것을 생각하니 마음이 계속 좋지 않았다.

'회장이라는 것을 왜 맡게 되어서 이런 고생을 하나?'

그 형제와 수련회 장소로 또 다툴 것을 생각하니 모든 것이 매우 짜증이 나서 마음속으로 한탄이 나왔다. 그때 교통 표지판에 빨간 신호등이 들어와서 좌회전 신호를 받기 위하여 차를 멈추었다.

'아! 죽고 싶다!'

그냥 살아도 기쁜 일이나 어차피 나는 죽어도 천국에 갈

거니까, 그냥 이런저런 신경을 쓰지 않고 고생 없이 죽고 싶은 마음이었다. 그때는 그 형제로 인한 스트레스로 인하여 순간 철부지 같은 생각까지 하게 된 것이다. 그런데 갑자기 음성이 들려왔다.

"너는 지금 죽어도 천국 갈 수 있으나, 너의 가족은 누가 구원하나?"

하나님 아버지께서 하시는 말씀이었다. 순간 너무 깜짝 놀라다보니 몸이 솟구쳐서 머리가 자가용 천정에 부딪혔다. 머리가 부딪히고 내려오는 그 1초도 안 될 것 같은 찰나에, 하나님께서 이 말씀의 몇 가지 뜻을 순식간에 이해시켜주셨다.

첫째, 내가 죽고 싶다하여 죽을 수 없고 살고 싶다고 하여 살 수 없는 것이다.
죽고 사는 문제는 사람 마음대로 하는 것이 아니라, 하나님의 손에 달려있다는 것이다. 나는 아직 젊기에 앞으로 살아갈 날이 무척 많음을 당연시 하고 살았으나, 그것은 내 희망이지 오늘이라도 하나님께서 내 생명을 거두어 가시면, 앞으로의 인생의 시간은 없는 것이었다. 하나님께서 오늘 하루도 내 삶을 '연장'시켜 주셔야만 살 수 있는 '하루살이'였다.

너는
지금 죽어도

둘째, 하나님께서 우리 가족이 아직 예수님을 믿지 않고 부인하기에 미워하는 줄 알았는데, 우리 가족을 아시고 나보다 더 구원에 대해 생각하고 계시다는 것이었다.

나는 우리 가족의 구원에 대해 잊고 살 때가 많고 어쩌다가 기도할 때도 있었다. 나의 간절함보다 하나님 아버지께서 더 우리가족의 구원에 간절하다는 사실을 알게 되어 매우 놀라웠다. 하나님께서는 하나님을 대적하며 살아가는 사람이라 할지라도 포기하지 않으신다. 악인(惡人)이라도 한 명이라도 돌이켜 구원받기를 원하신다.

"나 주 여호와가 말하노라 내가 어찌 악인의 죽는 것을 조금인들 기뻐하랴 그가 돌이켜 그 길에서 떠나서 사는 것을 어찌 기뻐하지 아니하겠느냐"**(겔 18:23)**.

셋째, 앞으로 살아가야하는 목적은 내가 구원 받은 것처럼, 다른 사람의 구원을 위해 살라는 뜻이었다.

내가 구원 받았기에 하나님 아버지께서 세상에서 살면서 힘든 일을 겪지 않게 바로 천국으로 가게 할 수도 있겠지만, 그럼에도 내가 살아있는 목적이, 내가 구원 받은 것처럼 다른 사람의 구원을 위해 살라는 것이었다.

하나님의 음성을 듣고 깜짝 놀라서 머리가 자가용 천정

에 부딪힌, 그 짧은 1초 정도의 시간 만에, 위와 같은 내용을 금방 이해할 수 있게 해주셔서 신기하였다. 방금 전만해도 찬양을 인도하는 형제 때문에 시험이 들어서, 모든 것이 귀찮고 입으로 말은 안하고 단지 마음으로만 죽고 싶다고 생각했었다. 그런데 하나님께서 어떻게 즉시 내 생각을 아셨는지 이 또한 신기할 따름이었다. 하나님 아버지께서 주신 깨달음으로 나는 마음을 돌이켜 곧바로 차 안에서 크게 소리를 질렀다.

"저, 오래 살게 해주세요!"

하나님의 말씀을 들은 후에, 갑자기 오래 살고 싶은 욕구가 이렇게 강하게 생긴 것은 난생 처음이었다. 그것은 단지 내 자신의 행복을 위한 육신의 생명을 연장시키고 싶은 마음이 아니라, 하루라도 더 살아야 하나라도 더 하나님께서 나에게 원하시는 일을, 또한 한 명이라도 더 영혼 구원하는 일에 쓰임 받을 수 있다고 생각했기 때문이었다.

이러는 사이에 신호등에 좌회전 신호가 들어왔다. 운전을 하려고 했지만 눈물이 흐르는데, 예전과 달리 큰 비눗방울 같은 눈물이 계속 나왔다. 눈물 한 방울, 한 방울이 얼마나 큰지 눈동자를 가려버려서 앞이 보이지 않았다. 이 상태로 운전을 계속 할 수가 없어서 간신히 차를 바로 도로 옆으

너는
지금 죽어도

로 세우고는, 눈물이 더 안 나올 때까지 울며 기다렸다. 그 때 처음 '아! 이런 것을 닭똥 같은 눈물이라고 하는구나' 라는 생각을 하였다.

교회에 금방 도착하자마자 예배당에 앉아 잘못을 빌고, 다시 열심히 하나님 아버지의 자녀로 살겠다고 말씀드렸다. 잠깐의 기도를 다 마치고 내 입에서 한숨을 쉬듯 "휴~ 살았다!"라는 말이 나왔다.

일어서려는데 수련회 장소문제 결정으로 얼굴을 험하게 하고 고집을 부리던 찬양인도자 형제가 왔다. 그는 아무렇지도 않은 듯 웃으며, 나를 보자마자 자기가 먼저 말했다.

"수련회 장소를 모두가 원했던 A로 하죠."

수련회 장소가 오늘 최종 결정되어야 했기에 이 형제랑 또 다툴 것 같아서 염려하였는데, 임원 회의 전에 순조로이 장소가 결정지어졌다. 갑자기 이 형제의 말과 태도가 달라져서 혹시 하나님께서 내가 스트레스 받기에, 이 형제의 마음을 움직이신 것이 아닌가 하는 생각했다.

그 후 있었던 수련회는 하나님께서 은혜를 넘치게 부어주셔서 참석한 회원들 모두 기쁨이 충만하였다. 모두가 시키지 않아도 저절로 춤추고 매 시간마다 즐거웠던, 잊지 못할 행복한 수련회를 보냈다.

하나님 아버지께서는 그 형제와의 잠깐 동안의 어려움을 통해, 오히려 앞으로 내가 살아가는 중요한 인생의 목적을 깨닫게 해 주시는 너무나 큰 선물을 주셨다. 그때부터 나는 지금까지 아침에 일어나서 기도할 때마다 처음 하는 말이 있다.

"하나님 아버지, 오늘 하루도 저에게 생명을 연장시켜주시고 건강 주셔서 감사드립니다."

지금껏, 앞으로 살 인생의 시간들이 많다고 당연하게 생각하며 살았기 때문에 아침을 맞는 감격이 없었다. 밤에 자면 당연히 아침에 일어나는 것이 아니고 하나님께서 생명을 지켜주셨기에, 그리고 '하루'라는 기회를 허락하셨기에 살아 움직이는 것이었다. 이런 마음을 잊지 않는다면 아침에 일어나는 것이 '곤욕'이 아닌 '감사'와 '감격'의 하루를 시작하게 될 것이다.

우리는 친한 사람들과 잘 지내다가도 성질이 나는 일이 있으면 그냥 단절해버리는 경우가 있다. 이렇듯 내가 하나님이라면 기대에 부흥치 못하며, 매일 하나님의 뜻에 배신만 하는 나에게 질려서 포기했을 거라는 생각을 참 많이 했다. 믿음을 가지고 있다고 하지만, 나 자신의 행동들을 스스로 평가해 볼 때에도, 수백 번은 죽어도 할 말 없는 그런 이중적인 생활을 하기 때문이다.

너는
지금 죽어도

그러나 하나님 아버지께서는 나의 엉망진창인 삶을 보고 포기하여 바로 나의 삶을 중단시키고 거둬가지 않으신다. 자녀를 사랑하는 부모의 마음으로, 나에 대해 오래 참으시며 기대를 갖으시고, 다시 기회를 주시는 은혜가 감사하다.

"하나님은 나를 돕는 이시며 주께서는 내 생명을 붙들어 주시는 이시니이다"(시 54:4).

"아버지, 오늘 하루도 저의 생명을 연장시켜 주심에 감사드립니다. 오늘 하루도 저를 향하신 목적에 맞게 살기 원합니다. 저에 대한 기대를 포기하지 않으시는 깊은 사랑에 감사드립니다. 우리 가족을 보고 계시고 구원의 계획을 갖고 계심에 감사드립니다. 오늘도 낙심치 않고 믿음을 갖고 기도할 수 있도록 도와주세요. 앞으로 허락한 인생의 시간을 낭비하지 않고, 선한 일에 쓰임 받아 아버지의 은혜에 보답하고 싶습니다."

다람쥐야 왜 그랬니?

우리가 하루에 기도하는 시간보다 근심하는 시간이 더 많다면 그것은 뱀을 멀리서 보고도 기가 죽어서 옴짝달싹 못하는 다람쥐나 별 다를 바가 없는 것이다. 하나님 아버지께서는 삶의 문제 앞에 어찌할 줄 모르고 문제만 바라보고 고민하는 나에게, 내가 다람쥐를 보고 안타깝게 소리쳤던 것처럼 말하신다.

I

집에서 낮에 TV를 보려고 리모컨으로 채널을 이리저리 돌려도 재미있는 프로그램이 눈에 띄지 않았다. 할 수 없이 그 중에서 동물들의 세계에 관한 프로그램을 보게 되었다. 잠깐 보다가 다른 채널로 다시 돌릴 생각이었다.

보다 보면 흥미롭게 빠져드는 것이 동물들의 이야기이다. 제일 재미있는 것은 호랑이, 사자, 표범 같은 강한 동물들이 자기보다 약한 동물을 추격하여 잡아먹는 장면이다. 먹잇감으로 포착된 동물들이 도망 다닐 땐 불쌍하게 보여 잡히지 않기를 바랐다가도 막상 긴 추격 끝에 강한 동물이 먹잇감을 쓰

다람쥐야
왜 그랬니?

러뜨리고 먹는 모습을 보면 마치 내가 호랑이나 사자가 된 것 같이 통쾌하고 괜히 대리 만족이 되는 느낌도 있다. 어떤 때는 동물을 잡아먹는 모습이 맛있게 보이기도 했다.

TV 화면에 예쁜 다람쥐 한 마리가 보였다. 다람쥐는 생김새가 하나같이 귀엽고 예쁘고 사랑스럽다. 다람쥐가 선 채로 두 손으로 도토리 같은 것을 잡고 입으로 오물오물 먹고 있었다. 보고 있자니 내 얼굴에 자동으로 미소가 띠어졌다. 그러던 중 다람쥐가 갑자기 먹는 것을 중단하고, 꼼짝 안 하고 한 곳을 바라보며 가만히 있는 것이었다. 그 다음 성우의 진지한 목소리가 이어졌다.

"무슨 일일까요? 다람쥐가 먹다가 말고 무엇을 본 것 같습니다."

"아! 다람쥐가 뱀을 본 것입니다!"

나는 뱀이 다람쥐와 아주 가까이 있는 줄 알고 긴장되었다. 그런데 화면에 다람쥐만 혼자 크게 나왔던 모습에서 뱀까지 한 화면에 잡히니, 생각했던 것보다 뱀은 다람쥐로부터 멀리 있었다. 뱀이 다람쥐를 발견하고 금방 쏜살같이 달려들 것 같았으나, 뱀은 멀리서 천천히 S자 모양을 그리며 오고 있었다.

뱀이 오는 속도, 다람쥐의 날렵함으로 봐서는 충분히 도망갈 시간이 있었다. 그럼에도 불구하고 다람쥐는 놀란 나머지 정신을 빼앗겨, 멀리서 오고 있는 뱀을 응시한 채로 서서 계속 눈만 깜박이며 전혀 움직이지 못하는 것이었다. 뱀이 다람쥐에게 가까이 올 때쯤 되자 너무 예쁜 다람쥐가 안타까워 보였다. 나도 모르게 누워 있다가 벌떡 일어서서 빠르게 TV 앞으로 달려 나갔다. 그리고 큰 소리로 다람쥐에게 소리쳤다.

"야~ 도망 가~"

내 소리를 듣고 놀래서 후다닥하고 도망갈 줄 알았던 다람쥐는 여전히 그대로여서 깜짝 놀랐다. 너무나 이 장면이 긴박하고 실제처럼 느껴져서 내가 순간 현실로 착각했던 것이었다. 나도 내 자신의 행동에 어이가 없었다.

흥분되고 긴장되고 안타까워서 조마조마한 마음으로 화면을 뚫어지게 쳐다보았다. 서서히 다가오는 뱀의 얼굴이 음흉하게 미소 짓는 것 같이 징그럽게 느껴졌다. 그리고 어느덧 다가와서는 다람쥐를 물었다. 다람쥐의 반응이 궁금해졌다. 다람쥐가 당연히 먹히지 않으려고 그 순간만이라도 크게 발버둥을 치며 저항할거라고 생각했기 때문이었다.

그러나 어이없게도 다람쥐의 몸은 막대기 같이 뻣뻣한 상태로, 아무 움직임이나 저항도 없이 뱀의 뱃속으로 서서히 들

다람쥐야
왜 그랬니?

어가고, 뱀의 배는 조금 전 보았던 다람쥐의 모양으로 불려져 갔다. 예전에 TV에서 뱀이 자기보다 큰 다른 동물을 입을 크게 벌려 삼킬 때에는 그냥 신기하게 봤었는데, 지금 예쁜 다람쥐를 삼키는 장면에선 억울하고 화가 났다.

'뱀을 보면 도망가면 되는데, 바보같이 뱀을 멀리서 보고도 기가 죽어 얼이 빠진 채 도망가지 못하지? 참 답답하네.'

마치 내가 애지중지 키운 다람쥐에게 일어난 일인 것 같은 기분에, 가뜩이나 싫은 뱀을 지금 당장 삽으로 찍어서 죽여 버리고 싶은 분노가 일어났다. 그리고 어이없이 당한 다람쥐가 너무 멍청하다고 느껴졌다.

'아무런 발버둥도 안하고 저렇게 어이없게 바보같이… 나 참…'

그 순간이었다. TV 바로 앞에 선 채로 나와 상관없는 일에 괜히 흥분한 나에게 하나님의 음성이 들려왔다.

"저 다람쥐가 바로 너다."

깜짝 놀랐다. 내가 억울하고 화나고 멍청하다고 생각했던 다람쥐가 바로 '나'라니… 그리고 이어서 말씀하셨다.

"뱀은 문제이다."

그 음성을 듣자, 다람쥐를 통해 삶의 문제(뱀) 앞에 얼이 빠져서 꼼짝도 못하고 있는 나(다람쥐)의 모습을 실감나게 보는 것 같았다. 문제가 생길 때 당연히 피할 하나님 아버지가 계시다고 내 입으로 말은 하는데 이론이 아닌 막상 '실전(實戰) 문제'가 내 앞에 놓여있을 때에는 이렇게 하지 못한다. 내 말 따로, 행동 따로, 이론 따로, 실제 상황 따로였다.

    생각으로는 하나님께 기도해야 한다는 것과, 하나님이 천지만물을 창조하신 전능하신 분이고, 그분이 나의 아버지이며 나를 도우실 분이라고 알면서도 말이다. 문제를 바라보고 얼이 빠져서 아무런 발버둥도 치지못하고 어찌할 줄 모르는 나를, 하나님 아버지께서 다람쥐를 통해 돌아보게 하신 것이다.

    마땅히 볼 것이 없어 할 수 없이 우연히 본 것이었다. 그러나 하나님께서는 마치 나에게 효과적으로 시청각 교육을 통해 말씀하시기로 작정하신 것 같았다. 나의 일거수(一擧手) 일투족(一投足)을 항상 지켜보시는 하나님 아버지의 사랑에 놀라움과 감사함을 다시 체험하는 순간이었다.

    우리가 하루에 기도하는 시간보다 근심하는 시간이 더 많

다람쥐야 왜 그랬니?

다면 그것은 뱀을 멀리서 보고도 기가 죽어서 옴짝달싹 못하는 다람쥐나 별 다를 바가 없는 것이다. 하나님 아버지께서는 삶의 문제 앞에 어찌할 줄 모르고 문제만 바라보고 고민하는 나에게, 내가 다람쥐를 보고 안타깝게 소리쳤던 것처럼 말씀하신다.

"근수야, 문제를 바라보지 말고 나를 바라 보아라. 나에게 맡기고 나에게로 피해라."

"하나님은 우리의 피난처시요 힘이시니 환난 중에 만날 큰 도움이시라"(시 46:1).

"주는 내가 항상 피하여 숨을 바위가 되소서 주께서 나를 구원하라 명령하셨으니 이는 주께서 나의 반석이시요 나의 요새이심이니이다"(시 71:3).

"여호와여 나를 내 원수들에게서 건지소서 내가 주께 피하여 숨었나이다"(시 143:9).

"아버지, 근심하는 시간보다 기도하는 시간이 더 많게 해주세요. 문제를 바라보지 않고 하나님을 바라보게 해주세요. 문제에 얼이 빠져서 문제에 삼켜버리는 하루하루 되지 않게 해주세요. 내일 일을 미리 염려하지 않게 하시고, 지금 당장 해결되지 않는다고 원망치 않고 하나님에 대한 신뢰를 잃지 않게 해주세요. 문제보다 더 큰 문제는 믿음이 없는 저입니다. 저의 삶의 문제를 통해서 오히려 더 깊이 하나님을 만날 수 있는 계기가 되길 원합니다. 사람 앞에 무릎 꿇게 하지 마시고 하나님 앞에 무릎 꿇게 해주세요. 뱀을 보고 하루하루 떨고 있는 다람쥐로 살아가고 있는 저의 시선을 돌려, 아버지께로 향하게 해주세요."

단 하루 만이라도

> 사람은 죄의 본성이 있기에, 죄를 짓지 않으려고 노력한다고 해서
> 자기 의지대로 죄를 조정할 수 있는 존재가 아니었다. 마치 손톱,
> 머리털, 수염이 내 의지와 상관없이 자라나는 것처럼 아무 생각
> 없이 잠자는 꿈속에서도 죄를 짓는 존재가 인간이다.

|

 하나님 말씀에 어긋난 나쁜 행실에 대해 회개하면서도 변화되는 것이 없이, 다음 날 반복해서 동일한 죄를 짓고 있는 내가 매우 싫어졌다. 이젠 습관적으로 죄를 짓게 되고 아예 단절하고자 하는 의지도 약해져갔다.

 기도의 순서상 입으로는 회개하지만 잘못된 것을 고치지 않고, 머릿속으로는 내일 또 다시 동일한 죄의 유혹이 오면, 뿌리치지 못하고 반복할 것을 생각하니 매우 고통스러웠다. 잘못된 행실이 하나도 줄어들지 않고, 오히려 날마다 숫자가 더하여져서 그 무게를 감당치 못할 정도였다. 아침에 일어나자마자 하는 일이 온 종일, 매일 '죄를 생산하는 기계' 같았다.

그러던 어느 날 '내 인생에 단 하루만이라도 죄를 짓지 않고 살았으면…'하는 처절한 마음이 들었다. 하나님의 자녀답게 살아야하는데 변함없이 똑같이 매일 이렇게 산다는 것은 말도 안 되는 것이었다.

'눈으로도 마음으로도 죄를 짓기에, 집에서 나가지 않고 아무것도 안 하고 억지로라도 잠을 자면 죄를 안 짓겠지?'라는 생각을 하게 되었다. 어려울 것 같은 시도지만 나쁜 생각을 안 하고 하루 종일 집에서 잠을 자기로 결정을 했다.

내일 또 반복되는 죄를 짓더라도 내 평생에 죄를 하나라도 안 짓는 하루를 보내고 싶었다. 남들이 보면 엉뚱하다고 생각지 모르나 신앙생활의 년 수는 계속 늘어나는데도 줄어들기는커녕 오히려 하나님 보시기에 나쁜 행실만 더 늘어가고 있는 내 자신을 심각하게 한탄해서였다.

식사대용으로 먹을 것을 왕창 사다가 쌓아놓고는 자다가 배고프면 재빨리 먹고, 솟아오르는 여러 가지 죄에 대해 생각할 시간을 주지 않고 곧 바로 잠을 청했다. 뭔가 딴 생각이 나면 머리를 흔들며 아무런 생각도 나지 않기를 바라며 바로 또 누웠다. 너무 자서 머리가 아팠지만 몇 번 깨어날 때마다, 그 시간 동안 아무런 죄를 짓지 않았음에 만족해하며 억지로 또 잠을 잤다.

시간이 지나 이제는 사 놓은 먹을 것이 떨어졌는데도 밖

단 하루
만이라도

에 나가지 않고 배고픔을 참은 채 그냥 버티기로 했다. 배고픔의 고통보다 나에게는 '죄의 고통'이 더 컸기 때문이었다. 이제 단 몇 시간만 지나면 내 인생에서 죄를 하나도 안 짓는 하루를 보낼 수 있었다. 그렇게 자다 깨기를 여러 번… 깜짝 놀라 바로 후다닥 깨어났다.

'이럴 수가!'

잠깐 꿈을 꾸었는데 꿈속에서 내가 죄를 짓고 있었다. 몇 시간을 앞두고 이렇게 되자 긴 시간 동안 애쓴 수고가 너무나 허무했다. 밖에 나가지 않고 TV도 안보고 사람도 만나지 않고 잠을 자면, 잠자는 시간이라도 죄를 짓지 않을 것 같았지만, 나의 의지와 상관없이 꿈속에서도 죄를 짓는 것이었다.

"오호라 나는 곤고한 사람이로다 이 사망의 몸에서 누가 나를 건져내랴"(롬 7:24)는 말씀이 저절로 떠올랐다. 지금의 내 처지를 말하는 것 같아서 처량했다.

그와 동시에 큰 깨달음을 얻는 순간이어서 긴 탄성과 함께 무릎을 쳤다. 사람들이 무슨 깨달음을 얻을 때 '무릎을 친다'는 말이 그냥 나온 것이 아니었다. 몇 끼를 간식으로 먹어서 제대로 된 식사를 하지 못한 나는, 지체하지 않고 바로 집 앞 식당으로 갔다. 내 인생에 하루 24시간만이라도 죄를 하나도 안 지어보려는 순진하고도 무모한 시도는 결국 몇 시간을 남기고 실패로 끝났다.

사람은 죄의 본성이 있기에, 죄를 짓지 않으려고 노력한다고해서 자기 의지대로 죄를 조정할 수 있는 존재가 아니었다. 마치 손톱, 머리털, 수염이 내 의지와 상관없이 자라나는 것처럼 아무 생각없이 잠자는 꿈속에서도 죄를 짓는 존재가 인간이다.

두 손, 두 발을 다 들고 하나님 앞에 나의 존재를 인정할 수밖에 없다는 것을 처절하게 경험하는 시간이었다. 이렇게 연약한 나이기에, 더욱 하나님 아버지를 의지해야만 한다는 것을 크게 깨달았다.

"내 속 내 육신에 선한 것이 거하지 아니하는 줄을 아노나 원함은 내게 있으나 선을 행하는 것은 없도다 내가 원하는 바 선은 하지 아니하고 도리어 원치 아니하는 바 악은 행하는도다 만일 내가 원치 아니하는 그것을 하면 이를 행하는 자가 내가 아니요 내 속에 거하는 죄니라 그러므로 내가 한 법을 깨달았노니 곧 선을 행하기 원하는 나에게 악이 함께 있는 것이로다"(롬 7:18-21).

"아버지, 오랫동안 교회를 다니면서도 변화되지 못하고 매일 짓는 죄로 인해 고통스러웠습니다. 줄어들지 않고 오히려 갈수록 늘어나는 죄를 보며 죄를 안 지으려고 나름대로 노력도 해보았습니다. 그러나 저는 꿈속에서도 죄를 짓는 존재입니다. 제 스스로 죄를 다스릴 수 없는 몸이기에 저의 죄의 짐을 대신 지신 예수님 앞에 무릎을 꿇습니다. 저를 변화시켜 주옵소서."

단 하루
만이라도

도둑고양이

말씀으로, 기도로, 믿음으로, 순종으로, 성령의 충만으로 깨끗케 하지 않으면, 사슴의 목덜미를 무는 사자처럼 마귀가 우리를 죄의 유혹으로 넘어뜨리려고 호시탐탐 노리게 된다. 도둑고양이가 냄새가 나는 쓰레기봉투를 뒤적이며 먹을 것을 찾아 사방을 다니는 것처럼 말이다.

I

퇴근해서 내 방으로 올라가다가 깜짝 놀라게 되는 경우가 있었다.

같은 건물을 쓰고 있는 사람들이, 계단 밑에 모아놓은 쓰레기봉투를 뒤적이다가, "후다닥~"하고 도망가는 고양이를 자주 마주치게 되기 때문이다.

그 당시 쓰레기 분리수거 제도를 강력하게 추진하는 시기였기에, 제대로 하지 않으면 벌금을 내야만 했다. 제도 초기 때에는 공무원이 실제로 분리수거가 되지 않은 쓰레기봉투를 헤쳐서 연락처를 확인하여 단속했었다. 그래서 사람들

도둑고양이

은 주소나 연락처가 적혀있는 우편물은 무엇보다도 신경을 써서 버리던 때였다.

그러다보니 혼자 자취 생활을 하였던 나는 매우 신경이 쓰였다. 일반 쓰레기, 종이류, 우유팩, 페트병, 비닐, 유리병, 스티로폼, 깡통, 음식물 등을 일일이 따로 모아서 버려야했기에 각각의 봉투가 다 찰 때까지 모으려니 시간이 많이 걸렸다. 따라서 부엌은 지저분해졌고 음식물이 담긴 비닐 봉투에선 냄새가 조금씩 나기 시작했다.

"우당탕탕~"

어느 날 밤에 부엌 선반에서 그릇이 떨어지는 소리가 들려서 자다가 깜짝 놀랐다. 도둑이 들어왔나 싶어서 놀랐는데 도둑고양이가 냄새를 맡고, 나무가 삭아서 헐어진 부엌문 밑 공간을 통하여 들어 온 것이었다. 이 후 며칠째 고양이로 인해 신경이 무척 쓰였다. 고양이가 못 들어오게 부엌문 맨 밑을 잘라내고 새로 보수해야 하는데, 나무와 작업할 도구가 없다는 핑계와 귀찮음으로 하지 않았다.

그러나 이런 저런 생각을 하다가 나름대로 전략을 짰다. 작전명은 '지뢰 작전'이었다. 부엌문 밑에 검정 비닐봉지를 펼쳐서 지뢰처럼 깔아놓고, 밟으면 부스럭 소리가 들리도록 했다. 고양이의 밟는 소리가 나면 신속히 뛰쳐나가서 문을 확 여는 동시에 "야~"하고 아주 무섭게 큰 소리를 지르려고 하였다. 고양이가 혼비백산 기겁하여서 다시는 올 엄두를 내지 못하게 할 심산이었다. 나의 계획이 성공하여 놀라서 도망갈, 끈질기고 지긋지긋한 도둑고양이를 생각하니 저절로 미소가 띠어졌다.

'한 번 제대로 걸리기만 해봐라. 오늘로써 너와는 이별이다.'

토요일 일찍 퇴근 후, 나의 눈은 TV를 보고 있지만 귀는 부엌문 쪽으로 신경을 집중하고 있었다.

'내가 지금 뭐하는 짓이냐? 부엌문을 수리 좀 하면 되는데...'

그러나 나의 게으름으로 받는 고통은 오늘로써 상황이 종료되는 것이었다. 그러기를 몇 시간, 드디어 도둑고양이 님이 행차하셨다. 비닐봉투를 밟아서 부스럭거리는 소리가 났다. 내 전략대로 말려드는 '순진한 고양이' 생각으로 웃음이 나왔다.

'이때를 얼마나 기다렸던가!'

나는 재빠르게 방문을 열고는 벼락이 치듯 있는 힘껏 크게 소리쳤다.

"야!!!"

고양이는 예상대로 어찌할 바를 모르고 아주 기겁하여서 허둥대다가 다시 문틈으로 도망쳐 나갔다. 이것으로 이제 상황은 종료가 되었다. 단 한 방으로 간단하게 퇴치한 것이었다.

그런데 도망가서 얼씬도 안 할 것 같은 고양이는 음식 냄새에 대한 유혹이 너무나 강하였던지, 재빨리 몸을 다시 되돌렸다. 마치 육상선수가 전력을 다해 출발할 자세처럼 몸을 힘껏 숙여 앞으로 향하고, 다시 뛰어 들어오려고 문틈으로 이글이글 불타는 눈빛으로 나를 노려보았다. 문을 사이에 두고 서로의 거리가 1m 정도 밖에 되지 않았다.

'헉! 눈이 정면으로 마주쳤네.'

눈빛을 보니, 마치 야생 맹수가 나를 노려보듯 하여서 순간 섬뜩하였다. 그래서 나도 나름 최대한 무서운 표정을 하며 겁을 주었다. 하지만 고양이는 나를 무서워하는 것보다도 냄새에 대한 집착이 더 강해서인지, 도망가지 않겠다는 굳은 의지의 사나운 눈으로 쳐다보며 도저히 물러날 생각이 없어 보였다. 그렇게 잠시 몇 초간 기 싸움을 하게 되었다.

'이 놈 봐라. 도망 안가고 나를 계속 노려보네. 무서운 놈.'

잠깐의 대치 상태로 누구 하나 밀리면 안 되는 중요한 찰나였다. 그때 갑자기 소리가 들렸다.

"나도 어쩔 수 없다."

고양이는 입도 벙긋하지 않았는데 웬 소리가 들렸다. 포기하지 않고 기필코 들어와서 뭐라도 먹고야 말겠다는 고양이의 마음이, 순간 나에게 소리로 들린 것이었다(남들은 이 이야기 듣고 나를 이상하게 볼 것도 같지만, 실제 그런 일이 생겼는데 나도 어쩌랴!). 나는 당황스럽고 더 무서워져서 다시 크게 소리쳤다.

"이~ 노~ 옴~"

다시 큰 소리를 지르며 재 반격에 나서자 고양이는 그제야 포기하고 후다닥 도망을 갔다. 무섭고 끈질긴 이 고양이를 다시 보지 말아야 했기에, 다음 날 주일 예배를 일찍 드리

고 집에 와서는 부엌에 있는 것을 모조리 치웠다.

종류대로 담다보니 봉투가 아직 다 차지 않은, 종량제 봉투가 아깝기는 했지만 부엌이 깨끗해지고 냄새도 안 나니까 좋았다. 범죄자가 자신이 범죄한 현장에 다시 나타나는 경우가 많다고 하는데, 고양이는 며칠을 왔던 곳이라 습관적으로라도 오지 않을까하여, 장난스럽게 아예 부엌문을 열어놓고 기다렸다. 그러나 이제 쓰레기봉투에서 냄새가 안 나니까 고양이는 올 이유가 없었던 것이었다. 어이없게도 괜히 고양이가 어디에 있는지 궁금해졌다.

다음 날 월요일, 출근하려고 집 바로 옆 골목길을 들어섰는데, 반대편에서 내 쪽으로 어슬렁거리며 천천히 걸어오는 무언가가 있었다. 바로, 그 도둑고양이었다. 나는 마치 외나무다리에서 원수를 만난 것 같이 좀 긴장되었고, 서부영화 '황야의 무법자'에서 서로 대결을 하기 위해 맞서는 듯한 느낌이었다.

그 고양이는 오른쪽을 계속 보며 오고 있고 나를 아직 보지 못했다. 나는 이 고양이가 토요일에 내 얼굴을 뚫어지게 노려봤었기에 나를 기억해서, 나를 본 순간 깜짝 놀라 "야옹!" 하고 소리를 지르며 오던 길로 도망칠 것이라고 생각했다.

'오! 잘 만났다. 나를 쳐다보기만 해라. 흐흐…'

나는 곧 벌어질 재밌는 광경을 상상했다. 그런데 그 도둑고양이는 거리가 가까워지고 내 발자국 소리가 들리는데도 나를 보지도 않고 전혀 관심을 안둔 채, 계속 오른쪽 위를 바라보며 뭔가에 신경 쓰는 것 같았다. 그러던 중 드디어 고양이와 나는 영화의 한 장면처럼 서로 옆을 지나치게 되었다. 나는 긴장되었다. 덤벼들듯 무섭게 나를 노려보던 놈이었기 때문이었다. 그 순간 또 다시 고양이의 마음이 소리로 들려왔다.

"뭐 먹을 것 없나?"

어슬렁거리며 무슨 작은 냄새가 나는 곳이라도 찾듯이, 오른쪽을 계속 바라보며 뭔가에 몰두하며 걸어오고 있는 도둑고양이의 마음의 소리(?)가 또 들렸다. 어리둥절하고 있는데 그때 성경 말씀이 크고 또렷하게 들려왔다.

"근신하라 깨어라 너희 대적 마귀가 우는 사자 같이 두루 다니며 삼킬 자를 찾나니"(벧전 5:8).

이러는 사이에 도둑고양이는 결국 내 옆을 스쳐가면서도 나를 보지도 않고 지나갔고 나는 이 상황에서 들리는 고양이의 마음의 소리와 하나님의 말씀에 무척 놀랐다. 그리

도둑고양이

고는 무릎을 "딱!"하고 쳤다. 뭔가 큰 깨달음이 일어났기 때문이었다.

말씀으로, 기도로, 믿음으로, 순종으로, 성령의 충만으로 깨끗케 하지 않으면, 사슴의 목덜미를 무는 사자처럼 마귀가 우리를 죄의 유혹으로 넘어뜨리려고 호시탐탐 노리게 된다. 도둑고양이가 냄새가 나는 쓰레기봉투를 뒤적이며 먹을 것을 찾아 사방을 다니는 것처럼 말이다.

파리가 깨끗한 접시에는 오라고 사정을 해도 날라 오지 않지만, 치우지 않은 음식을 담은 접시에는 쫓아도 계속 달려든다. 이렇듯 우리의 상태가 '불신앙과 죄의 욕망'으로 지저분해져 있으면 '도둑고양이'라는 마귀의 집중 공격이 되는 것이다. 그러므로 나의 목덜미를 물기 위해서 항상 노리고 있는 우는 사자와 같은 마귀를 이기기 위해서는 하나님의 말씀으로 항상 근신하고 깨어 있어야 한다. 또한 우리에게 예수님 이름의 능력을 주셨으니 유혹이 올 때마다 육신이 원하는 대로 따라가지 말고 승리하신 예수님의 이름으로 대적하여 물리쳐야 한다.

오늘도 '도둑고양이'인 마귀는 하나님과 나 사이, 나와 다른 사람 사이를 갈라놓기 위해 먹을 것을 찾아 헤맨다. 그럴 듯한 미끼를 놓은 덫처럼 죄의 유혹으로 쉬지 않고 우리의 마음속으로 침투한다. 죄의 유혹에 항상 방심치 말고 민감해야 할 이유는 지금은 영적 '전시상황'인 것이다.

"마귀에게 틈을 주지 말라"(엡 4:27).

"그런즉 너희는 하나님께 복종할지어다 마귀를 대적하라 그리하면 너희를 피하리라"(약 4:7).

하나님 아버지께서는 도둑고양이와 마귀를 대비하여, 교회는 다니지만 죄를 쉽게 받아드리며 내 육신이 하고 싶은 대로 살아가고 있는 나에게 경각심을 주셨다. 도둑고양이의 마음을 듣게 하셔서 우리를 쓰러뜨리려는 마귀의 생각을 간접적이나마 현실감있게 체험케 해주셨다.

비록 나의 게으름으로 생긴 일이었지만 이런 작은 동물을 통해서도 나를 가르치시고 교훈하시려는 자녀를 위한 하나님 아버지의 그 사랑의 마음이 느껴져서, 나의 얼굴과 마음에서는 죄송함과 감사함의 눈물이 흘러내렸다.

"아버지, 제가 마귀에게 문을 활짝 열어놓고 무방비로 살았습니다. 그러다보니 죄의 유혹에 쉽게 넘어지고 교회는 열심히 다닌다고 했어도 하나님 아버지의 자녀다운 마음과 바른 생활을 하지 못했습니다. 이제는 은혜 가운데 깨어있어 날마다 보시기에 합당한 생활에 힘쓸 수 있도록 도와주세요. 마귀를 수시로 쉽게 초청하는 어리석은 사람이 되지 않게 해주세요."

매달린 열매, 떨어진 열매

하늘에서 내 앞에 감사할만한 내용의 보따리가 떨어져야 감사하는 것이 아니라, 내 생활에서 이미 받은 감사할 것을 찾아내는 것이 중요하다는 생각이 들었다. 깜빡 잊어버려 못할 때도 많지만 나름대로 구호를 만들어서 아침에 하루를 시작할 때 마음으로 외쳐본다.
'오늘 하루 남에게 욕먹는 것은 모두 내 탓, 내가 칭찬받는 모든 것은 아버지 탓.'

I

찬양을 잘 부르시는 여자 전도사님께서 이런 이야기를 해 주셨다.

"어느 날 내가 꿈을 꿨는데 천국의 어느 한 나무에 열매들이 달려 있었어. 그런데 보기 좋고 큰 열매들은 모두 바닥에 떨어져 있고 작은 열매들만이 매달려 있는 거야. 그래서 내가 천사에게 '왜 이렇게 되었습니까?'라고 물어보았어. '바닥에 떨어진 큰 열매는 네가 받은 영광이고 매달려 있는 작은 열매들은 네가 하나님께 돌린 영광이다' 라고 천사가 대답해 주었어."

아마도 회중 앞에서 찬양을 많이 하시는 분이라서 이런 꿈을 꾼 것 같았다. 예배 때 독창을 하다보면 하나님을 의식하기보다는 사람을 신경 쓰는 경우가 있고, 혹시 음정이 조금 틀렸을 땐 사람들이 어떻게 생각할까하여 기분이 안 좋았을 것이다. 사람들로부터 잘 불렀다고 칭찬 받았을 때 하나님께 영광을 돌려야할 박수와 환호를 자신이 잘해서 그런 것이라고 흡족해하는 경우도 있었을 것이다.

전도사님의 꿈이 나에게 적용할 중요한 이야기라는 생각이 들었다. 그래서 그 이야기를 들은 후로는 작은 일에도 감사하려고 노력하고 있다. 특히 사람들에게 칭찬받고 감사하다는 말을 들었을 때에는, 입으로나 마음속으로 "주께 영광!" 또는 "주께 감사!" 라고 하며, 하나님 아버지께 '수시로 즉시 감사'를 하려고 한다. 내가 칭찬받는 모든 것은 하나님 아버지 덕분이라는 생각에서이다. 오랫동안 이렇게 하다 보니 지금은 자연스러워져서, 나의 신앙생활 중에서 잘하는 것 하나를 스스로 꼽자면 이것이 아닐까 싶을 정도이다.

나는 나이에 비해 피부가 좋다는 소리를 많이 들었다. 얼굴에 잔주름이 거의 없어서 나를 본 사람들은 자주 말한다.

"와! 얼굴에 잔주름이 하나 없네요. 무슨 비결이라도 있어요? 관리 받으세요?"

　내가 다른 사람들을 볼 때에는 피부가 서로 비슷비슷해 보이는데 말이다. 피부를 잘 아는 여자들이 이렇게 말하는 것은 그런가보다 하고 여겨지는데 거무스름한 남자들이 내 얼굴을 응시한 채, 이와 같이 말할 때에는 좀 징그러웠다. 내 주변 형제 중에서도 피부 트러블이나 주근깨, 잔주름으로 고민하여 치료를 받는 이들도 있었다. 이들과 대화하다보니 나와 같은 피부를 정말 부러워한다는 것을 알게 되었다. 그 후엔 남자임에도 불구하고, 기도할 때에 좋은 피부 주신 것에 대하여 여러 번 감사를 드렸다.

　지나가다가 길에서 보석을 발견하듯 생각지 않았던 감사 항목 하나를 새로 발견하게 되어서 흐뭇해 하였다. 하루의 생활 중에 사람들로부터 이런 사소한 칭찬의 말을 듣게 되었을 때에도 마음속으로 '수시로, 즉시 감사'를 하려고 한다.

　옷이 좋아 보인다고 할 때, 식사 중에 물을 따라주었는데 고맙다고 할 때, 지하철에서 자리를 양보해주니 고맙다고 할 때, 나에게 누군가 길을 묻고는 고맙다고 할 때, 모임에 참석해주어서 고맙다는 말을 들을 때, 봉사한 후 수고했다는 말을 들을 때, 내가 밥 사줬는데 잘 먹었다는 말을 들을 때, 차 태워 줬는데 고맙다는 말을 들을 때, 이발 후 깔끔해 보인다는 말을 들을 때 등등...

매일 자세히 살피면 어쩌면 그냥 인사 치례로 별 생각이 없이 당연히 지나칠 수 있는 작은 것들이지만, 남들로부터 칭찬받는 이런 일상적인 사소한 작은 일들이 최소 10번 정도는 발생된다.

빼먹을 때도 많지만 밤에 잠자기 전, 오늘 하루 사람들로부터 칭찬받은 내용을 다시 한 번 생각한다. 마땅히 나를 칭찬받게 만드신 하나님 아버지께 감사의 영광을 돌려야 할 것들을 생각하고 이렇게 기도한다.

"오늘도 제가 사람들로부터 칭찬을 받게 해주셔서 감사드립니다. 그러나 칭찬 받은 것을 영광 돌리지 못하고 제가 다 잘나서 그런 양, 좋다고 받은 것을 다시 반납하니 받아주세요."

이런 일상적인 작은 것도 하나님께 일일이 감사로 영광 돌려야 하는지, 안 해도 되는 것인지, 내가 칭찬 받은 것으로 이미 끝나버린 것에 대해서 다시 돌려도 유효한 것인지에 대해 굳이 따지고 싶지 않다.

남들은 이런 내가 너무 불필요하게 예민하고, 사소한 것에 자유롭지 못하고 부담으로 여기는 것이 아니냐고 생각할지도 모른다. 그러나 나는 이런 것 때문에 전혀 스트레스를 받지는 않는다. 자신의 부모에게 자녀가 고맙다는 말을 많이

매달린 열매, 떨어진 열매

하고 싶어 하는 것이 뭐가 잘못된 것인가? 오히려 이렇게 안 하고 아무 생각이 없이 하루를 지냈을 때가 더 아쉽다.

그 이유는 작은 것이라도 감사를 드리고자 하는, 나의 순수한 마음을 하나님 아버지께서 기특하게 여기실 것으로 생각했기 때문이다. 겸손이 아니고 이런 것 외에 실제로 나의 생활을 들여다보면 하나님을 기쁘게 하는 이렇다 할 삶을 제대로 살지 못한다.

그러다보니 다른 하나님의 자녀들처럼 부모님께 효도하듯이 하나님 아버지의 마음을 시원하게 할 큰 효도는 못한다. 단지 감사함으로 이런 사소하고 작은 것 밖에 드릴게 없어서 자식으로서 오히려 죄송한 마음뿐이다.

나름 이렇게 실천하며 연습하다보니, 하늘에서 내 앞에 감사할만한 내용의 보따리가 떨어져야 감사하는 것이 아니라, 내 생활에서 이미 받은것에서 감사할 것을 찾아내는 것이 중요하다는 생각이 들었다. 깜빡 잊어버려 못할 때도 많지만 나름대로 구호를 만들어서, 아침에 하루를 시작할 때 마음으로 외쳐본다.

'오늘 하루 남에게 욕먹는 것은 모두 내 탓, 내가 칭찬받는 모든 것은 아버지 탓.'

"또 무엇을 하든지 말에나 일에나 다 주 예수의 이름으로 하고 그를 힘입어 하나님 아버지께 감사하라"(골 3:17).

"범사에 감사하라 이것이 그리스도 예수 안에서 너희를 향하신 하나님의 뜻이니라"(살전 5:18).

"아버지, 오늘 하루도 감사할 일들을 많이 주셔서 감사합니다. 무엇보다도 감사할 수 있는 생각을 잊지 않게 해주셔서 감사합니다. 제가 칭찬은 모든 것은 하나님 아버지 덕분입니다. '수시로, 즉시 감사'를 하여 나무에서 떨어진 열매보다 매달린 감사열매가 더 많아지게 해주세요. 무엇을 더 주셔야 감사하는 것이 아니라, 작은 것에도 감사할 거리를 발견하여, 기쁨으로 더 감사할 수 있는 하루가 되기를 원합니다."

분위기 다운(down)

찬양을 좋아하는 사람은 많으나 찬양의 가사처럼 살아가기로 애쓰는 사람은 적다. 그리스도인이라서 대중가요 등 일반 노래는 세상적이고 경건하지 못한 것 같아서 의례적으로 집에서나 차 안에서 찬양 곡은 틀어 놓지만, 진실한 마음의 고백과 결단이 없는, 단지 귀를 잠깐 즐겁게 하는 '음악 감상용'으로 듣는 경우가 많다.

|

교회에서 모임을 시작할 때 먼저 여러 곡의 찬양을 부른다. 아무 반주 없이 부르는 것보다는 피아노나 기타(Guitar)같은 악기 반주와 함께 하면, 찬양을 더 힘차게 부를 수 있고 박자도 잘 맞출 수 있다.

나는 기타 치는 것을 혼자 배워서 잘하지는 못하지만, 함께 노래할 때에 무난히 반주할 정도는 된다. 모임에 자주 나올 수 있는 사람 중에서, 기타를 갖고 올 수 있는 사람이 드물었다. 그러다보니 내가 여러 모임에서 자주 기타로 반주를 하게 되었다.

찬양 곡을 내가 미리 선정할 때도 있고, 다른 사람이 부르자고 하는 찬양을 반주할 때도 있다. 나는 밝고 빠른 곡도 물론 선정하지만, 가사의 의미를 천천히 느낄 수 있는 차분한 곡을 많이 선정하는 편이다. 그런데 여러 모임에서 찬양하다보면 조용한 곡을 부를 때 몇몇이 이런 말을 하는 경우가 종종 있다.

"분위기 왜 이래? 분위기 다운(down)되니 좀 신나는 찬양을 하자!"
"누가 이런 분위기 쳐지는 곡을 뽑았어?"

어떤 이는 찬양곡이 인쇄된 종이를 식당 메뉴판을 보듯이 앞뒤로 이리저리 휙휙 뒤적이며, 어떤 찬양들인지 훑어보는데 표정이 썩 좋지 않다. 그러다가 자신이 부르고 싶은 곡이나 빠른 박자의 곡 위주로 부르자고 하는 경우도 많다. 찬양 곡을 선정한 사람이 곡의 순서를 정해놨는데, 이렇게 되면 순서가 뒤죽박죽이 된다.

이런 말을 주로 하는 부류의 사람들은 대부분 성격이 외향적이고 다혈질적인 사람이 많다. 경쾌한 빠른 박자를 선호하기에, 느리거나 좀 엄숙한 찬양을 부르면 답답해한다. 그럴 때마다 기타로 반주하는 나는 일일이 대꾸는 못하고 답답하여, 마음속으로만 생각한다.

분위기
다운-(down)

'하나님 아버지를 찬양하는데 분위기 다운되는 곡이 있나? 빠른 곡이면 분위기가 살고 느린 곡이면 분위기가 다운되나? 누구를 위한 찬양인가? 자기가 좋아하는 부르기 즐거운 찬양이 아니라, 하나님이 기뻐 받으시는 찬양이냐가 중요하지 않나? 분위기 쳐지는 찬양이 과연 있는가? 순전히 자신들의 기분을 우선으로 하지는 않는가?'

나는 한동안 예배 때 찬양을 하지 못하고 가만히 있는 경우가 있었다. 찬양을 부르고 싶지 않아서가 아니고, 어느 날부터 내가 가사의 내용대로 진정으로 살아가는 가에 마음이 찔려서, 눈물만 머금은 채 입을 벌리지 못했다. 매번 입으로는 부르지만 진정성이 포함되지 않고 마음에도 없이, 형식적으로 부르는 경우가 많았기 때문이었다.

기쁨에 관한 찬양을 기쁨이 없이 기계처럼 따라하고, 복음전파에 대한 찬양을 하면서도 전도 할 기분도 안 나고, 주께 모든 것 드린다는 가사는 따라 부르지만 실상 작은 것 하나조차 포기할 마음도 없는 등...

찬양할 때 가사 하나하나마다 내가 하나님께 거짓말을 하는 것 같아서 괴로웠다. 그러다보니 차라리 입을 벌리지 않는 것이 나을 것 같았다. 찬양하는 시간에 나의 찬양소리가 들리지 않자, 매번 옆 사람들이 이상하다는 듯, 힐끔힐끔 쳐다보기도 해서 많이 불편했다.

찬양을 좋아하는 사람은 많으나 찬양의 가사처럼 살아가기로 애쓰는 사람은 적다. 그리스도인이라서 대중가요 등 일반 노래는 세상적이고 경건하지 못한 것 같아서, 의례적으로 집에서나 차 안에서 찬양은 틀어 놓지만 진실한 마음의 고백과 결단이 없는, 단지 귀를 잠깐 즐겁게 하는 '음악 감상용'으로 듣는 경우가 많다.

좋아하는 찬양이 많은 것과 자주 듣는 것도 중요하지만, 더 중요한 것은 단 한곡의 찬양을 부르더라도 마음을 다하여 부르고, 단 한 줄이라도 가사대로 살기로 실천하며 애쓰는 것이다.

"아벨과 그의 제물은 받으셨지만 가인과 그의 제물은 받지 않으셨다"(창 4:4-5).

처음 구약 성경의 이 구절을 읽을 때 많이 궁금했다.

'왜 하나님께서는 형 가인의 제물은 안 받으시고, 동생 아벨의 제물만 받으셔서, 형이 화가 나서 결국 자기 동생을 죽이는 사건이 일어나게 했단 말인가?'

이 부분의 바로 앞 뒤로 성경에 자세한 해설이 없어서 매우 궁금하여 주변의 여러 사람들에게 물어보았다. 그러자 대

분위기
다운(down)

부분이 나에게 이렇게 이야기를 해주었다.

"하나님께서 농사짓는 가인의 제물(땅에서 수확한 것)은 안 받으시고, 목동 아벨의 제물(양과 그 기름)을 받은 것은, 곡식은 저주받은 땅에서 나오는 소산물이기 때문에 안 되고, 예수님의 보혈의 피를 상징하는 피가 있는 짐승을 원하셨다"고 말해주었다. 가인은 하나님이 원하시는 제물이 무엇인지 모르고 잘못 드려서 그런 것이라고 해도 나는 이해가 잘 안되었다.

'제사에 제물을 안 드린 것도 아닌데 사람의 성의도 몰라주고 하나님이 이렇게 까다롭게 차별을 하셨나?'

그러나 나중에 신약 성경에서 이 부분에 대한 해답이 있었다.

"아벨은 믿음으로 가인보다 하나님께 더 나은 제사를 드렸습니다 하나님께서는 아벨이 드린 제사를 기뻐 받으시고 그를 의인이라 부르셨습니다 아벨은 죽었지만 여전히 그의 믿음을 통해 우리에게 말하고 있습니다"(히 11: 4).

"우리가 서로 사랑할지니 이는 너희가 처음부터 들은 소식이라 가인같이 하지 말라 저는 악한 자에게 속하여 그 아우를 죽였으니 어찐 연고로 죽였느뇨 자기의 행위는 악하고 그 아우의 행위는 의로움이니라"(요일 3: 11-12).

따라서 '제물의 종류의 차이'로 인한 문제가 아니고 제물을 드리는 그 사람의 '평소의 삶'과 그에 따른 '믿음의 차이'로 인한 것이었다.

즉 하나님의 관심은 제물에 있었던 것이 아니라 제물을 드리는 그 사람에게 있었다. 믿음의 아벨과 믿음으로 드리는 그의 제물은 받으셨지만, 믿음 없는 가인과 믿음 없이 드리는 그의 제물은 받지 않으셨다.

형 가인은 제물을 드리는 형식적인 행위는 했지만 그에게는 '진실된 순종과 믿음'이 없었다. 동생을 사랑하지 않고 질투와 시기로 가득하여서 결과적으로 살인을 하게 되었다.

"여호와께서 말씀하시되 너희의 무수한 제물이 내게 무엇이 유익하뇨 나는 수양의 번제와 살진 짐승의 기름에 배불렀고 나는 수송아지나 어린 양이나 수염소의 피를 기뻐하지 아니하노라 너희가 내 앞에 보이러 오니 그것을 누가 너희에게 요구하였느뇨 내 마당만 밟을 뿐이니라 헛된 제물을 다시 가져오지 말라 분향은 나의 가증히 여기는 바요 월삭과 안식일과 대회로 모이는 것도 그러하니 성회와 더불어 악을 행하는 것을 내가 견디지 못하겠노라"(사 1:11-13).

분위기
다운(down)

"그러므로 형제들아 내가 하나님의 모든 자비하심으로 너희를 권하노니 너희 몸을 하나님이 기뻐하시는 거룩한 산 제물로 드리라 이는 너희가 드릴 영적 예배니라"(롬 12:1).

"나더러 주여 주여 하는 자마다 천국에 다 들어갈 것이 아니요 다만 하늘에 계신 내 아버지의 뜻대로 행하는 자라야 들어가리라"(마 7:21).

하나님 아버지께서는 입에서만 끝나버리는 찬양보다는 '삶으로 드리는 찬양'을 하는 그 사람에게 관심을 갖으신다. 진정으로 그렇게 살고자 간절한 마음을 담아 부르는, 또한 그렇게 살고자 애쓰는 사람의 찬양을 받으신다.

그러므로 메뉴판에 있는 음식 중에서 자기가 좋아하는 음식만 골라 먹고 싶어 하듯이, 자신의 기분 상태에 따라서 다른 찬양 곡을 평가해서는 안된다. 찬양 곡의 템포(tempo)와 분위기가 '신나는가? 엄숙한가?'는 부르는 내 입장의 기분보다는, 나를 바라보고 계시는 하나님 아버지의 기분이 더 중요하기 때문이다.

"아버지, 저도 찬양을 많이 알고 좋아하나 찬양의 가사대로 살기로 힘쓰지 못했습니다. 그냥 입으로 찬양하는 것으로 내 마음을 알아주십사하고 대신하려고 했습니다. 찬양을 저의 힘든 것을 위로해주는 도구로 사용한 적이 많았습니다. 입으로는 부르지만 마음이 찔리는 가사에는 모르는 척 했습니다. 축복의 찬양, 위로받는 찬양은 좋아했지만, 헌신하는 찬양은 나를 희생해야 하기에 부담스러웠습니다. 찬양을 곡조 있는 기도라고 말하지만, 마음을 담지 않고 그냥 노래 부르듯 불렀습니다. 순종하는 삶의 변화 없이 적당히 교회에 출석하고 모임에 참석하며 만족해하는 '교회 마당만 밟는 형식적인 종교인'이 되지 않도록 도와주시고, 하나님 아버지께서 기뻐하시는 '믿음과 삶이 일치하는 자녀'가 되기를 원합니다."

사과를 깎다가

우리는 손을 베이지 않는 것과 같은 평탄한 삶을 구하지만, 하나님 아버지께서는 손을 베이는 것과 같은 아픔을 알면서도, 인생의 고난을 통해서 우리의 시각과 감사의 폭을 더 키워주신다.

1

토요일에 교회에서 친하게 지내는, 같은 또래 형제를 집으로 초대했다. 손님을 초대했으니 방도 청소하고, 가까운 마트에 가서 간단한 식사 재료 및 사과를 샀다. 식사 후 차를 마시며 사과껍질을 깎으면서 생각했다.

'남자니까 그냥 껍질만 깎은 채 통째로 줄까? 반으로 잘라 줄까? 아니면 8등분해서 줄까?'

나 혼자 사과를 먹을 때는 물로 씻어 껍질과 함께 자르지 않고 먹든가, 아니면 껍질만 깎고 자르지 않고 먹는다. 그래도 손님이니 특별하게 사과를 포크로 찍어서 먹을 수 있도록 여러 조각으로 자르기로 했다.

이왕이면 다른 집에서 봤듯이 '깨끗하게 씨 부분도 오려서 제대로…'라고 생각하며 자르는데, 지금껏 씨까지 도려내서 남을 대접한 경우가 없었기에, 사과의 반을 먼저 자른 후에 씨 부분을 도려내려고 하다가 멈칫하였다. 씨 부분을 먼저 제거하고 여러 조각을 내는 것인지, 아니면 조각을 다 낸 후 한 조각씩 잡고 씨 부분을 도려내야 하는지 몰랐다.

그냥 편리하게 사과 반쪽씩 들고 씨 부분을 동그랗게 도려내면 단 두 번이면 될 것 같았다. 그래서 반쪽을 왼손바닥에 올려놓고 오른손으로 칼을 들어 위에서 동그랗게 파내려고, 사과의 중심부분을 도려내었다.

"아차!"

그만 왼손 엄지손가락을 베었다. 아찔하고 눈물이 핑 돌았다. 제법 상처가 크고 이내 빨간 피가 나왔다. 앞에는 손님이 있는데 이런 황당한 실수로 인해서 얼굴이 빨개지며 당황했다.

'혹시 손가락을 꿰매야 하면 어쩌나?'

사과를 깎다가

즉시 방바닥에 손가락을 눌러서 지혈을 했고 조금 후에 일회용 밴드를 붙였다. 친구 형제에게 "서비스 좋게 해주려고 씨를 도려내려다 이렇게 됐다"고 겸연쩍게 말했다. 그 형제가 어이없다고 웃으며 말했다.

"그렇게 하는 사람이 어디 있어? 다 조각 낸 후 한 조각씩 들고 자르는 거지."

세수하기도 불편하고 손가락이 조금 다쳤을 뿐인데도 마음은 온 몸이 다친 환자 같은 기분이었다. 신경이 많이 쓰였다. 이 나이에 사과 하나도 제대로 해결하지 못한 나의 행동이 한심해지며, 근심어린 마음으로 애꿎게 희생당한(?) 손가락을 보고 있었다. 그러자 갑자기 신기하게도 내 마음이 기분이 좋게 풍선처럼 부풀어 오르며 다음과 같은 생각이 떠올랐다.

첫째, 지금까지 내가 사람들로부터 많은 사랑의 손길을 받고 살았다는 것이 감사했다. 지금껏 먹은 사과, 음식 등 내 입에 들어왔던 수많은 것들을 재배하고 제공한 모든 사람들에 대해 감사했다. 더 나아가 내가 이때까지 먹고, 입고, 쓰고, 이동하는 등 생활하는데 필요한 모든 것에 관련된 모든 사람들이 감사했다.

둘째, 부모님의 자녀에 대한 사랑의 헌신이 참 감사했다. '그동안 어머니가 우리를 위해 음식을 만드시느라 얼마나 손이 많이 베었을까?' 내가 이렇게 칼로 손가락을 베어보니, 아무렇지도 않게 느껴졌던, 지난 날 어머니의 손에 자주 반창고가 붙어 있었던 모습이 떠올랐다.

셋째, 엄지손가락을 베였으니 교회 모임에서 기타 반주하는데 전혀 지장이 없어서 참 감사했다. 기타 코드를 잡을 때 왼손 엄지손가락은 사용을 안 하기 때문이다. 공동체에서 기타를 연주하는 형제들이 적다보니, 여러 모임에서 나에게 찬양반주를 요청하였다. 그런데 한번을 하게 되면 바쁠 때에 빠질 수도 없고, 항상 남들보다 일찍 도착해야하니 짜증이 많이 난 시기였다. 기쁨이 없이 의무감으로 기타만 치고 오는 경우가 많았다. 그러나 만약 다른 손가락을 크게 다쳤다면, 앞으로 기타를 치고 싶어도 할 수가 없을 것을 생각하니 너무 다행으로 여겨졌다. 전에는 전혀 느끼지 못했는데 손가락이 멀쩡하여 기타를 치며 찬양을 한다는 것이 너무 감사하며, 앞으로는 기쁨으로 잘 해야겠다고 다짐했다.

나는 며칠 동안 밴드가 붙여진 엄지손가락을 볼 때마다 이러한 사실들이 생각이 나며, 희한하게도 너무 행복하고 감사한 마음이 내 온 몸에 가득 찼다. 이런 깨달음을 주는데 혁

사과를
깎다가

혁한 공을 세운 다친 왼손 엄지손가락이 효자같이 대견스러워서, 보고 있자니 빙그레 웃어지기까지 했다.

이런 내 모습이 신기하고 내가 왜 이러나 싶었다. 마음 한편으로는 빨리 낫기를 바라면서도, 다른 한편으로는 다 나으면 이러한 기분이 사라질 것만 같아서 아쉬웠다. 그래서 이런 마음을 오래 느낄 수 있도록, 나에게 예상치 않은 행복함을 주는데 쓰임 받은(?), 밴드가 붙여진 기특한 엄지손을 더 보고 싶은 마음이 들었다.

오히려 생각지도 못했던 것에 대해 감사할 수 있는 계기가 되었다. 다행히 며칠 만에 손이 잘 아물어서 감사했지만, 동시에 밴드를 벗겨낼 때 섭섭한 마음도 들었다. 이러한 작은 실수를 통해서도 하나님 아버지께서 나에게 새로운 차원의 감사의 선물을 주신 것이라고 생각이 되었다. 그렇지 않고서는 다친 손가락을 보고 행복해 하며 실실 웃는 사람은 미친 사람이기 때문이다.

설교 방송 중에서 들었던 이야기이다. 어떤 장로님이 지갑을 처음으로 잃어버렸는데, 지갑에 중요한 것들이 들어있어서 안타까웠지만 곧 이런 마음이 들었다고 했다.

첫째, 지금까지 지갑을 잃어버리지 않았음에 감사합니다.

둘째, 지갑은 잃어버렸지만 상해를 입지 않았음에 감사

합니다.

셋째, 도둑은 내 것을 강탈해 갔지만, 나는 지금까지 남의 것을 강탈하지 않았음에 감사합니다.

남들에겐 일어나지도 않을 '사과 씨앗 도려내기 유혈사태'로 인해 나는 많은 생각을 하게 되었다. 아무 어려움이 없으면 삶이 평안하고 감사할 것 같은데, 오히려 어려움 속에서 더 큰 은혜와 감사가 있음을 말이다. 우리는 손을 베이지 않는 것과 같은 평탄한 삶을 구하지만, 하나님 아버지께서는 손을 베이는 것과 같은 아픔을 알면서도, 인생의 고난을 통해서 우리의 시각과 감사의 폭을 더 키워주신다. 또한 하나님 자녀의 고난은 단지 고통만이 아닌, 더 깊은 감사의 기회였던 것이다.

"범사에 감사하라 이것이 그리스도 예수 안에서 너희를 향하신 하나님의 뜻이니라"(살전 5:18).

"아버지, 저의 엉뚱한 실수를 통해서도 귀한 깨달음과 감사의 마음을 갖게 해주셔서 감사드립니다. 아무런 어려움이 없을 때에도 물론 감사하지만, 엄지손을 베이는 것 같은 제 인생에 원치 않는 일을 당했을 때에도 감사합니다. 고난이 때론 어려움이 없을 때보다도 복이 될 줄 믿습니다. 어떠한 상황에 처하든 원망하지 않고 그 속에서 감사를 발견하고 고백할 수 있게 해주세요."

선물

슬픔이 변하여 춤이 되게 하시며 기쁨을 주시는 나의 아버지,
저의 형편과 처지를 잘 아시는 나의 아버지, 저의 삶 속에 살아
역사하시는 나의 아버지, 사랑하고 감사합니다.

I

　남동생의 아들인 민성이가 당시 8살이 되었을 때의 일이다. 강원도 고향집에 갔다. 그런데 왠지 분위기가 이상했다. 집에 무슨 일이 있는지 어머니께 여쭤 보았다.
　동생부부가 맞벌이를 하다 보니 민성이가 혼자 많이 심심해 하였고, 생활이 좀 안정이 되어 둘째를 갖고 싶었지만 오랫동안 임신이 안되었다고 했다. 병원에서 진찰을 하니 첫 아이를 출산한지가 너무 오래되어서, 임신하기 어렵다는 말을 들었다고 했다. 여러 방법들도 써보고 병원에도 몇 번 확인한 것 같았다.

동생이 내 앞에서 혼자 술을 마시는 것은 본 적이 없었는데, 마음이 착잡한 듯 맥주를 마셨다. 마치 방안이 회색처럼 어둡고 집안이 많이 우울한 느낌이었다. 현재 한 명의 자녀가 있기에 아예 없는 사람들 입장에서는 배부른 소리를 한다고 할지 모르나, 부모로서 자녀를 한 명 더 갖기를 원하는 마음은 있을 것이다. 집 안의 분위기도 그렇고 어떤 도움도 주지 못하는 내가 괜히 미안해서, 고향집에 며칠 더 있지 않고 그냥 아무 말 없이 다음 날 조용히 서울로 돌아오려고 했다.
　그러나 동생 부부와 어머니의 아쉬워하는 모습을 보자 너무 마음이 아팠다. 우리 가족에게 기쁜 일이 생겼으면 좋겠다는 안타까운 마음이 들어서 동생 부부에게 기도를 하자고 했다. 내가 해줄 수 있는 것은 이것 밖에 없었기 때문이다.

　"우리 함께 기도하면 하나님께서 자녀를 꼭 주실 것이니 걱정 말고 이리 와서 함께 기도하자!"

　가족 중에서 예수님을 믿는 사람은 나 혼자이다. 병원에서 안 된다고 판정되었는데, 그것도 기도하면 자녀를 주실 수도 있어가 아닌 단정적으로 '주신다'는 나의 말에, 식탁에서 술을 마시던 동생은 코웃음을 쳤다. 어머니도 쓸데없는 짓을 한다고 혀를 차시며 어이없어 하셨다. 나는 그래도 견딜 수 없는 마음에 강제적으로 동생 부부를 앉혀 놓고, 함께 손을 잡고 기도를 했다.

마음 한편으로는 내가 뒷감당을 어떻게 하려고 이렇게 자신 있게 이야기를 하는지 걱정도 되었다. 나중에 임신이 안 되면 나를 완전 미친놈으로 볼 것이기 때문이었다. 그럼에도 한편으로는 지금까지 나에게 역사하신 하나님께서 분명히 들어주셔서, 우리 가족에게 기쁨을 주실 것이라는 생각도 들었다. 또한 이 일을 통해서 우리 가족이 하나님이 살아계신 것을 직접 체험할 수 있는 좋은 기회가 될 수도 있겠다는, 무모하고도 절박함이 섞인 믿음이 있었다.

기도를 마친 후 어머니와 동생은 기도하면 그게 되냐고 어이없어하며 비웃었다. 어머니는 나에게 "그러지 말고 하나님한테 네 문제나 들어주라고 해라. 하나님이 살아 계시면 어찌 너를 이렇게 놔 두냐?"고 하셨다.

내가 아직 결혼도 안하고 좋은 직장 나와서 사업한다고 가족들에게 걱정을 많이 끼쳤기 때문이었다. 어머니의 말을 듣고 가족들 모두 나를 바라보고 잠깐이지만 허탈하게 웃었다. 나도 내 중요한 여러 문제가 아직 해결이 안 되었는데, 하나님께 기도하면 응답해 주신다고 걱정하지 말고 기도하자고 말한 것에 할 말이 없었다.

그 후 서울로 온 나는 '비상사태'였다. 이제 가족들에게 완전 미친놈으로 취급당해서 어머니의 속을 더 썩이게 되고, 앞으로 전도를 한다고 해도 아예 거부당할 것이 뻔하였다. 그

선물

래서 밤이면 교회에 가서 기도를 했다. 평소에도 이렇게 기도를 안 하는데 지금은 긴급한 상황이었기 때문이었다. 내가 지금껏 기도한 것 중에 아주 간절하게 기도한 것의 첫 번째가 될 정도로, 머리를 숙여 바닥에 박으며 기도를 했다. 동생의 일이 내 일보다 더 중요한 것처럼 여기며, 너무 간절히 기도를 하다가보니 눈에 실핏줄이 다 터져 버릴 것만 같았다.

"아버지, 저 이제 큰일 났습니다. 가족들에게 걱정만 끼치는 제가 이제 미친놈이 되게 생겼습니다. 기도하면 하나님께서 아기를 주신다고 두고 보라고 자신 있게 말했는데, 안 되면 가족들이 하나님이 어디 있냐며 하나님 망신, 저 망신입니다. 한나에게 하나님께서 아기를 주셨는데, 우리에게도 이런 일이 안 생기면 성경이 다른 사람들의 이야기이지 저와 무슨 상관이 있겠습니까? 한나에게 역사하신 하나님, 동생부부에게 둘째 아기를 갖게 해주세요. 자녀가 한 명이 있어 감사하지만, 오히려 이 일을 통해 우리 가족 모두가 예수님을 믿게 되는 기회가 되게 해주세요. 지금까지 저에게 놀라운 은혜를 주신 아버지를 믿습니다. 꼭 해주셔야 합니다. 그리고 아기가 자라나서 하나님을 기쁘시게 하는 자녀가 되도록 해주세요."

이렇게 절박하고도 긴급하게 몇 달을 기도하면서 혹시나

가족들로부터 좋은 소식이 올까 기다렸는데 아무 연락이 없었다. 내심 초조함과 언젠가는 응답해주실 거라는 기대가 서로 교차했다.

'뭐 바로 몇 달 만에 임신이 안 될 수도 있지… 그렇지만 하나님 아버지께서 우리 집에 기쁨을 주실 거야.'

이렇게 고향집에 갔다 온지 몇 달 후에 명절을 맞아 다시 고향집에 갔다. 식구들이 임신여부에 대해 나에게 아무런 이야기가 없어 괜히 눈치가 보였다. 방에서 조카와 둘이 있다가 조카에게 말했다.

"너 동생 있으면 좋겠니?"
"응, 혼자 놀기 심심하니 동생이 한 명 있었으면 좋겠어."

나는 가족 중 나 혼자만 이 외롭고 힘겨운 기도를 하는 것이 벅차서, 8살 꼬마라도 같이 기도하여 실오라기 같은 작은 힘이라도 보태어줬으면 좋겠다고 여겨 투정부리듯 조카에게 말했다.

"너의 동생이 생기는 거니까 너도 동생 있고 싶으면 가만히 있지 말고 하나님께 기도해. 큰아빠 혼자만 기도하려

선물

니 힘들다."

그러자 조카가 말했다.

"엄마 벌써 임신했어!"
"이게 무슨 소리야? 식구들이 아무런 이야기를 안 해주던데… 진짜?"
"응, 엄마가 아빠에게 아기 옷 준비해야 한다는 것 들었어. 그럼 임신한 것 아니야?"

나는 이 놀라운 소식에 어찌할 줄을 몰랐다.

"아! 결국 하나님 아버지께서 하셨구나!"

어머니로부터 제수씨가 임신된 개월 수를 들으니, 내가 몇 달 전에 고향집에 갔다 온지, 얼마 지나지 않아 임신이 된 것이었다. 그 후 몇 달이 더 지나서, 동생으로부터 전화가 왔다. 아기를 낳았다고.
가족들은 때가 되어서, 아니면 병원에서 약을 먹은 것이 효과가 나타나서 임신을 했다고 생각할지도 모른다. 그러나 인간이 할 수 없는 일을 능히 하시는 하나님을 나는 믿는다. 다른 사람들이 들으면 우연 또는, 억지로 말을 끼워 맞춘다고 여길 수도 있다. 그러나 이 일이 우연이 아님은, 기도한 나와 응답하신 하나님만 안다.

"주께서 나의 슬픔을 변하여 춤이 되게 하시며 나의 베옷을 벗기고 기쁨으로 띠 띠우셨나이다"(시 30:11).

"슬픔이 변하여 춤이 되게 하시며 기쁨을 주시는 나의 아버지, 저의 형편과 처지를 잘 아시는 나의 아버지, 저의 삶 속에 살아 역사하시는 나의 아버지, 사랑하고 감사합니다."

안 잡힌 죄인

> 그러므로 이제 그리스도 예수 안에 있는 자에게는 결코 정죄함이 없나니 이는 그리스도 예수 안에 있는 생명의 성령의 법이 죄와 사망의 법에서 너를 해방하였음이라(롬 8:1-2).

I

뉴욕의 명(名)시장이었던 피오렐로 라 가르디아(Fiorello La Guardia, 1882-1947)가 즉결심판 법정의 판사로 일할 때 생긴 사건이다. 겨울 어느날 아침, 경찰이 시장에게 추위에 떨고 있는 노인을 데리고 왔다. 노인은 빵 한 조각을 훔쳤다는 이유로 기소된 상태였다. 노인은 자신의 가족들이 굶주리고 있다고 말했다. 가르디아 시장은 이렇게 말을 꺼냈다.

"법은 평등합니다. 어쩔 수 없이 당신에게 10달러 벌금형을 내려야겠군요."

시장은 자신의 주머니를 뒤지며 이런 말을 덧붙였다.

"여기 10달러입니다. 재판은 종료되었습니다."

시장은 자신의 모자에 10달러 지폐를 담아 주었다. 시장은 다시 말을 꺼냈다.

"할 말이 더 있습니다. 저는 먹고 살기 위해 빵을 훔치도록 도시 환경을 조장한, 이 법정의 여러분들에게도 50센트의 벌금형을 부과하겠습니다. 서기, 각자에게 벌금을 걷어서 이 피고인에게 주세요."

모자가 사람들에게 돌려졌고 어리둥절해 하던 이 노인은 감사의 눈물을 흘렸다. 노인은 47달러 50센트를 손에 쥐고 법정에서 나왔다.

교회 모임에서 몇 명이 모여 소년원 사역을 시작한 지 10년이 넘었다. 소년원이란 법무부 소속 기관으로 범죄한 20세 미만의 어린 학생들을 수용하여 1년이 넘게 교정교육을 시키는 곳이다. 죄는 용서하여 주었지만 가정환경이 열악한 결손가정 학생들이 대부분이어서, 중고등학교 과정 및 직업을 얻기 위한 자격증 취득 등을 교육시킨다. 한 달에 한 번 찾아가서 예배를 드리고 성경 공부를 하며 하나님의 사랑을

안 잡힌 죄인

나누었다.

그동안 사역에 임하였던 나의 모습을 되돌아보았다. 나는 세상물정 잘 모르는 어린 학생들을 좋아하거나 친밀감 있게 잘 대하지 못한다. 이런 내가 긴 시간 동안 소년원 사역을 하게 된 것은 그들에게 관심과 애정, 긍휼함이 있어서였기 보다는 계산된 목적이 앞섰던 것 같다. 사랑의 대상으로서 조건 없이 그들을 대한 것보다는, 빨리 복음을 전해야 할 불신자로, 전도 대상자로 대했던 것이다. 가르디아 시장처럼 죄를 정죄하기에 앞서 그 사람의 내면의 형편(고통, 아픔)을 먼저 헤아리지 못한 나의 일방적인 열정이 부끄럽다.

소년원 사역 첫 참석자에게 사전교육을 한다고 했지만, 가끔씩 처음 온 지체가 소년원 학생들에게 처음부터 불쑥 "무슨 죄 짓고 이곳에 왔냐?"라는 질문을 했다는 것을 나중에 들었을 때는 무척 마음이 아팠다. 나도 처음엔 그런 질문을 하고 싶어서 입이 근질근질했고 몇 번 물어본 것 같다.

우리는 그 사람보다 그들이 무슨 죄를 지었는가에 관심이 먼저 간다. 지은 죄의 내용과 크기가 곧 그 사람에 대한 평가의 기준이 된다. 가르디아 시장이 법정의 사람들에게도 책임을 물은 것처럼 주변에 이렇게 힘들고 어려운 사람들에게 무관심한 우리 모두에게도 책임이 있다. 특히 하나님의 은혜로 거듭나게 되어 새생명을 얻게 된 우리 그리스도인의 책임이 더 크다.

나의 의가 가득한 선심성(善心性) 선행보다는, 하나님 아버지께로부터 받은 사랑에 빚진 자로서, 받은 사랑을 갚는 심정으로 어려운 사람들을 대한다면, 오히려 섬길 수 있도록 은혜주신 하나님께 감사하리라 본다.

교회에 모여 습관적으로 입으로만 사랑을 노래하는 것이 아니라, 실제적으로 우리의 손과 발이 우리의 마음이 움직여야 한다. 그렇게 한다면 우리를 통하여 한 푼도 없었던 노인의 손에 쥐어진 47달러 50센트의 기적이, 삶에 힘겨워하는 우리 이웃에게도 일어날 것이다.

나도 지금껏 착하게 산다고 했지만 나쁜 짓을 한 적이 몇 번 있었다. 대학생 때 같이 술을 먹은 사람이 취해서 한 행동에 의해서, 본의 아니게 나쁜 자리에 함께 있었던 적이 있었다.

또 충동적으로 잘못하여서 경찰서에 간적이 있었다. 경찰이 조금만 더 상황을 자세히 확인했으면 구속이 되었을 터인데, 나의 말을 듣고 더 이상 의심을 안 하는 바람에 금방 돌아온 적도 있었다. 그때 얼마나 마음을 조렸는지 지금도 잊히지 않는다. 앞으로의 내 인생이 한순간에 잘못된 방향으로 변할 수도 있었기 때문이었다.

많은 사람들도 남에게 피해를 주지 않고 살았다고 말하겠지만, 지금까지 수십 년을 살 동안에 자의반 타의반 크고 작은 나쁜 일을 했을 것이다. 교도소나 소년원에 있는 그들

안 잡힌 죄인

이 '잡힌 죄인'이라면 나는 죄가 있었지만 다행히 경찰에 잡히지 않은 '안 잡힌 죄인'이다. 죄를 지어서 교도소에 안에 있는 사람들이 '창살 안 죄인'이라면 그날 잡히지 않은 나는 '창살 밖 죄인'이다.

우리가 이들보다 선하고 의롭다고 생각할 수도 있으나, 경찰에 잡힌 여부와 상관없이 죄를 지은 것을 기준했을 때에는 실상 다를 바가 없다. 음주운전을 하였는데 경찰에 잡히지 않은 사람이나, 단속에 의해 처벌을 받은 사람이나, 법을 기준했을 때에는 모두 법규를 어긴 것이기 때문이다.

국가 기념일 등이나 특별한 때에 죄를 지은 사람을 용서해주는 제도가 있다. 국가원수인 대통령의 고유권한으로, 죄를 지어 형을 선고 받은 사람에게 국민 전체의 화합 차원에서 시행한다. 사면(赦免)과 복권(復權)을 통해 법적으로 죄를 다시는 묻지 않으며, 이전의 상태로 자격과 권리를 찾게 된다.

교도소 등 철창 안에 갇힌 사람이나 밖에 있는 사람이나 다 하나님 앞에서는 모두 죄인이다. 우리 모두는 죄로 인해 우리를 만드신 하나님과의 관계가 단절되고 죄의 대가(代價)로 영원한 형벌인 지옥행이었으나, 우리의 죄를 대신 짊어지신 예수님의 십자가의 공로로 용서를 받았다. 구원자이신 예수님을 믿음으로써 하나님 자녀의 신분과 권리를 다시 회복한 것이다. 이렇게 된 사실을 구원받았다고 말한다. 하나님 앞에서 자기 스스로 의롭다 할 사람이 한 사람도 없었으나,

예수님을 믿음으로 인해서 죄로 인하여 불의(不義)하였던 우리가 의롭다 여김을 받는 것이다.

"그러므로 우리가 믿음으로 의롭다하심을 얻었은즉 우리 주 예수 그리스도로 말미암아 하나님으로 더불어 화평을 누리자"(롬 5:1).

"그러면 이제 우리가 그 피를 인하여 의롭다하심을 얻었은즉 더욱 그로 말미암아 진노하심에서 구원을 얻을 것이니"(롬 5:9).

"그러므로 이제 그리스도 예수 안에 있는 자에게는 결코 정죄함이 없나니 이는 그리스도 예수 안에 있는 생명의 성령의 법이 죄와 사망의 법에서 너를 해방하였음이라"(롬 8:1-2).

가르디아 시장의 모습에서 죄는 심판하시지만 용서와 사랑을 베푸시는 하나님의 공의와 긍휼을 느낄 수 있다. 노인의 모습을 통해서 죄로 인해 심판 받아야 하는 나였지만, 용서하시고 오히려 자녀가 되는 더 큰 은혜를 베풀어주신, 하나님 아버지의 사랑에 다시 감사함이 밀려온다.

"아버지, 방송에서나 신문에서 죄 지은 사람들을 볼 때 인

 안 잡힌 죄인

상을 찌푸리며 나쁜 놈들이라고 정죄했습니다. 저는 그들에 비해서 '이만하면 나도 남에게 크게 피해를 안 주고 사는 것이지'라며 나름 선한 척 했습니다. 세상의 법 앞에서는 잡히지 않으면 죄를 지어도 죄인이 아닌 것처럼 살지만, 하나님 앞에서 저는 죄인입니다. 이런 저를 용서하시고 오히려 자녀 삼아 주시고 영원히 함께 하여 주시는, 아버지의 큰 은혜에 감사드립니다."

안전벨트

나는 조금 전에 안전하게 도착할 수 있게 해달라고 하나님께 기도를 했다. 하지만 안전하게 다녀올 수 있게 해주실 하나님에 대한 믿음은 갖고 있었지만, 정작 내가 기본적으로 해야 할 안전벨트를 매지 않았다. 갑갑하고 귀찮은 것도 물론 많이 있었지만, 안전벨트를 매는 것이 하나님에 대한 나의 믿음을 조금 의심케 하는 것 같은 생각이 조금이나마 저변에 깔려있었기 때문이었다.

l

경기도 안성으로 공동체 수련회를 가기 위해서 교회 앞에서 전세버스를 탔다. 내 옆 자리에 잘 아는 자매가 앉았다. 출발할 때가 되자 나는 마음속으로 기도를 하였다.

'하나님 아버지, 교통사고 없이 안전하게 다녀 올 수 있게 해주시고 수련회가 유익한 시간이 되게 해주세요.'

교회에서 수양관까지는 고속버스 전용도로로 40분 정도 소요된다. 옆 사람과 이야기를 하다 보면 금방 가는 시간이

안전벨트

기에 안전벨트를 매지 않았다. 고속도로 주행 시 안전벨트 착용 의무화가 시행되기 전의 일이었다.

"안전벨트 안 하세요?"

옆에 앉은 자매가 나에게 물었다.

"괜찮아. 매면 답답하고 그래서…"

그러자 그 자매는 거듭 말했다.

"안전벨트 하세요."

나는 장난 섞인 목소리로 대답을 하였다.

"싫어. 안 할 거야."
"왜 안하시는데요?"

나는 마음속으로 짜증이 났다. 몇 번이나 안 한다고 했는데 자매의 말을 듣자니 괜한 자존심이 발동하여서 계속 안 할 것이라고 마음을 굳혔다.

"안전벨트 하시라니까요?"

이번엔 이 자매가 좀 강압적이고 신경질적으로 말했다. 머리를 내밀고 주변을 둘러보니, 옆 좌석 및 주변에 있는 몇 명의 지체들도 안전벨트를 착용하지 않았다. 옆 좌석의 사람들도 이 자매가 잘 아는 사이인데 그들에게는 뭐라고 하지 않았다. 나는 자매의 짜증스런 말투에 당황했고, 포기하지 않고 계속 말하는 것에 불편하여서 마음속으로 투덜대었다.

'이런 예의 없는 경우를 봤나? 내가 싫다는데, 안전벨트를 안 할 수도 있지. 주위 사람들도 대부분 안 했는데 짜증은 왜 내나?'

나는 평상시 알고 있는 자매의 행동과 달리, 몇 번씩이나 계속적으로 너무 강요하는 자매의 말에 뭔가 느낌이 이상한 기분이 들었다.

'왜일까? 이 자매가 몇 번 이야기 했으면 그만하지 여러 번 왜 이러지?'

그러던 사이에 차는 출발하였고 나는 자매와 가벼운 실랑이로 인해 얼굴이 상기된 채, 왠지 모를 이 상황이 궁금해

안전벨트

졌다. 그때였다.

"꽝!"

큰 소리로 인해 머리가 울렸다. 그런데 차가 어디에 부딪친 소리도 아니고, 버스 선반 위 물건이 내 머리로 떨어진 것도 아니었다. 그것은 바로 하나님께서 벼락같이 강력히 나에게 깨달음을 주시는 순간이었다. 충격으로 머리가 좀 아플 정도로 욱신거리고 얼얼했다. 사람들이 비유로 말할 때 "머리를 망치로 맞은 것 같다"라는 말이 이런 경우이구나 싶었다. 그와 동시에 하나님 아버지께서 무엇을 말씀하시는지 순간 이해가 되었다. 나는 조금 전의 단호했던 모습과는 달리 순순히 안전벨트를 했다. 그리고 방금 있었던 일에 대하여 자매에게 진지하게 말했다.

"자매를 통해서 하나님 아버지께서 나에게 지금 귀한 깨달음을 주셨어."

내 말을 다 듣고 난 후에, 자매는 조금 전까지 나에게 왜 그렇게까지 했는지에 대해서 자신도 의아해하며 매우 놀라워했다.

"하나님께서 오빠를 참 사랑하시네요. 이런 일상적인 작은 것을 통해서도 은혜를 주시니 말이에요. 수련회 가는 시작부터 중요한 것을 배워서 좋네요."

안전벨트 문제로 자매와 서로 조금 불편했었는데, 이내 분위기가 밝아졌다. 우리는 방금 하나님 아버지께서 주신 은혜 받은 내용에 대해서 서로 자신의 삶을 적용하며 나누었다. 나는 예상치 않았던 상황에서 중요한 깨달음을 주심으로 인해, 마치 큰 선물을 받은 것처럼 마음이 기뻤다.

나는 조금 전에 안전하게 도착할 수 있게 해달라고 하나님께 기도를 했다. 하지만 안전하게 다녀올 수 있게 해주실 하나님에 대한 믿음은 갖고 있었지만, 정작 내가 기본적으로 해야 할 안전벨트를 매지 않았다. 갑갑하고 귀찮은 것도 물론 많이 있었지만, 안전벨트를 매는 것이 하나님에 대한 나의 믿음을 조금 의심케 하는 것 같은 생각이 조금이나마 저변에 깔려있었기 때문이었다.

'안전하게 해달라고 기도했으니, 안전벨트를 안 해도 하나님께서 당연히 안전하게 도착할 수 있도록 지켜주실 거야. 설마 사고 나겠어?'라는 생각...

그러나 우리가 안전벨트를 매는 것은 하나님께서 안전을 지켜주실 것에 대해 미덥지 못하여, 혹시나 하여 차선의 대비책으로 하는 것은 아니다. 하나님께 모든 것을 맡긴다고

안전벨트

하여, 내가 할 도리를 팽개치는 것은 바른 믿음이 아닌 것이다. 즉, 기도하였다면 기도에 걸 맞는 자신의 '행동'도 함께 따라주어야 하는 것이다. 내가 해야 할 마땅한 내 몫이 있기 때문이다. 마치 학생이 좋은 대학교에 들어가길 원하면서 정작 본인은 공부하기 싫어한다던가, 운동선수가 우승을 원하면서 훈련하는 것을 힘들어해서 요령을 피우는 것이나 다름없을 것이다.

하나님 아버지께서는 우리가 무엇을 하지 않아도 우리의 능력과 노력을 초월하여 역사하신다. 그렇지만 삶에 일어나는 많은 부분은 우리 자신도 자기 본분에 최선의 노력을 해야 하는 것이다. 우리가 포도 알처럼 주렁주렁 내놓는 많은 기도 내용 중에, '마땅히 내가 해야 할 안전벨트'가 풀어져 있는지를 다시 점검해야 할 것이다.

"구하라 그러면 너희에게 주실 것이요 찾으라 그러면 찾을 것이요 문을 두드리라 그러면 너희에게 열릴 것이니 구하는 이마다 얻을 것이요 찾는 이가 찾을 것이요 두드리는 이에게 열릴 것이니라"(마 7:7-8).

"아버지, 저는 기도하면서도 기도 내용처럼 행하려고 애쓰지 않았습니다. 저의 많은 기도 제목 중에 막연히 입으로만 하나님께 떠맡긴 것이 너무 많습니다. 믿고, 구하고, 행하는 신앙으로 살아가길 원합니다. 이제는 제가 필요한 것을 아버지께 간구도 해야겠지만, 마땅히 제가 해야 할 삶과 신앙의 모든 것에도 성실함을 갖게 도와주세요."

억울함

어쩌다 나름 신앙인답게 한다고 입으로는 용서했다고는 하지만 속마음엔 여전히 그들이 맴돈다. 그들이 뭔가 잘못되기를 바라고 벌을 받았으면 하는 포악한 마음을 가지고 있을 때도 있다. 결국 남을 용서한다는 것은 인간적인 내 힘으로는 어려운 것이다. 하나님 아버지께서 주시는 깊은 은혜가 없으면 인간은 진실한 용서와 화해가 어렵다.

|

교회에서 억울한 일이 생겼다. 이미 오래전 일이고, 자세한 내용을 적으면 이해하기 좋겠지만 적지 않기로 한다. 나보다 나이가 많은 교역자가 내가 잘못한 것도 없는데, 어떤 일에 자신이 한 것을 정당화시키기 위해서 나의 잘못으로 몰아갔다.

나에게 상처를 주는 발언으로 인해 화가 났다. 조용한 성격인 내가 가만히 있기에는 너무 어이가 없어 항의하자, 그분은 막무가내였다. 그분의 성격상 좋은 점도 많지만, 직선적인 말투와 외향적인 성격을 아는 주변에 있던 사람들은 어린 나보고 참으라고 말렸다.

　마음이 많이 괴로워서 집에 있자니 답답하였다. 그래서 기도하기 위해 지친 마음을 이끌고 저녁에 교회에 갔다. 그런데 예배당 문을 열려고 하는데 안에서 나오려는 그분과 얼굴이 딱 마주쳤다. 하마터면 "악!" 소리가 나올 정도로 깜짝 놀랐다. 그분도 기도하러 온 것이었다. 서로 당황해서 아무 말도 안했다.

　'하필 문을 여는데 얼굴이 마주칠게 뭐람. 에이, 얼굴을 보니 분한 마음에 기도 할 마음이 확 사라지네.'

　불이 꺼진 예배실의 맨 앞자리에 앉아서 흥분된 마음을 가라앉히고 있는데, 그분이 화장실에 갔다 오신 후 뒤편에서 기도하는 소리가 들리기 시작하였다. 그때 다니던 교회는 매일 철야기도가 있어서 새벽 예배 전까지 자유롭게 기도할 수 있었고, 소리를 크게 내어 기도하는 사람들도 많았다. 기도 소리가 방해가 안 되게 찬양을 크게 틀어놓았는데도 불구하고, 그분의 큰 기도 소리가 괴로움을 더해 어떻게 할 수가 없었다. 귀에는 그분의 큰 목소리가, 감은 눈앞에는 그분의 얼굴이 앞에 착 달라붙은 가면처럼 없어지지 않고 보여서, 너무나 괴로웠다.

억울함

'기도하러 와서도 나한테 고통을 주다니…'

억지로라도 하나님을 부르며 기도를 하려고 했지만, 원수 같은 그분의 얼굴이 선명하게 눈앞에 떡하니 버티고 보여서 도저히 기도를 할 수가 없었다. 눈앞에 어른거리는 그 사람 얼굴에 대고 하나님이라고 부를 수가 없었다.

아무 말도 못하고 괴로워하기를 한 두 시간쯤, 더 이상 견딜 수가 없어서 하나님께 마음에도 없는 기도를 했다.

"아버지, 제가 잘못했습니다. 다 제 탓입니다. 저 분을 축복합니다."

마음은 전혀 기도와는 다른 심정이지만 하나님 아버지께서 기뻐하시는 기도를 해야, 지금의 괴로운 상황을 잠시라도 벗어날 수 있도록 해주실 것 같다는 생각에, 거짓말로 기도를 한 것이었다. 그래야만 눈을 감았어도 앞에 버티고 있는 그분의 얼굴을 하나님 아버지께서 치워주실 것만 같았다.

그런데 그분을 축복한다고 '축복'이라는 말을 아직 안하고 "축"까지만 말하는 순간이었다. 나로부터 '축복'이라고 쓰인 대형 냉장고 크기만 한 커다란 복주머니가 "휙!"하고 그분이 있는 뒤쪽으로 날아가는 환상이 보였다. 마음에도 없는 말이었고 복주머니가 그분에게 가면 정말 복을 받을 것 같은 확신이 들어서 깜짝 놀라 외쳤다.

"안 돼요."

그러자 그분을 향해 중간 쯤 날아가던 복주머니는 순식간에 "휙"하고 다시 나에게로 왔다. 몇 초도 안 되는 찰나의 순간이었다. 원수 같은 그분에게 큰 복이 가지 않아서 안도의 한숨을 내쉬었다.

지금까지 다른 사람을 축복한다고 찬양할 때나 말할 때 그냥 마음으로만 축복했다. 그런데 누구를 위해 축복을 하면 그냥 말이 아닌, 우리 눈에는 보이지 않지만 실제로 그 영향력이 전해짐을 생생하게 알 수 있는 순간이었다. 하나님께서 말씀으로 만물을 창조하신 것처럼 우리의 말이 단순한 언어가 아니라 권세가 있다는 것과 말에도 생명력이 있음을 실감나게 느끼게 되었다. 그렇게 또, 아무 말도 못하고 고통스럽게 오랫동안 고개만 숙이고 힘들게 있으려니 힘이 다 빠져서 이제는 내가 살기 위해 체념한 듯 말했다.

"아버지, 제가 잘못했습니다. 다 제 탓입니다. 저분을 축복합니다."

말이 끝나자마자 환상으로 어디선가 나타난 '축복'이라고

억울함

쓰인, 아까 본 그 커다란 복주머니가 다시 나에게서 쏜살같이 그분에게로 도착하였다. 그 복주머니는 번쩍하며 밝은 빛이 되어 그분을 감쌌다. 그리고 그분과 가정이 복을 받아 잘될 것이라는 느낌이 강하게 들었다. 나는 눈을 감고 앞자리에 있었음에도 뒤에 이러한 모습이 다 보여서 신기했다.

그때였다. 내 눈 앞에서 떠나지 않았던 그분의 얼굴이 드디어 사라졌다. 비로소 하나님을 바로 부르며 기도할 수 있겠다는 느낌이 들었다. 그러나 나는 그분 때문에 억울하고 힘들어했는데 오히려 그분에게 축복까지 빌어주어 잘되게 했다는 원통함으로 울음이 나왔다.

"하나님 아버지, 너무 억울합니다. 제가 잘못한 것이 없단 말이에요."

그러자 갑자기 음성이 들려왔다.

"내가 더 억울하다."

나는 흘러나오던 눈물이 쏙 들어갈 정도로 어이가 없었다.

"제가 억울하다고 말하는데 뜬금없이 왜 하나님이 억울하다고 하세요? 하나님이 억울한 게 뭐가 있다고요. 지금 제 애기를 하는데 왜 하나님 이야기를 하세요?"

내가 심각하고 괴로워서 그러는데 전혀 엉뚱한 이야기를 하셔서 허탈했다. 곧이어 하나님은 말씀하셨다.

"너는 지금 한 사람 때문에 억울하다고 고통스러워하지만, 나는 모든 인간의 죄를 대신하여 죄 없이 죽었다. 그럼에도 많은 사람들이 나를 믿지 않고 인정하지도 않고 있구나!"

전혀 예상치 않은 말씀을 하셔서 놀라며 왜 억울하다고 하셨는지를 알게 되었다. 나는 한 사람으로 인한 억울함의 고통도 이렇게 큰데, 예수님은 한 사람도 아니고 과거에 살았던 사람, 현재 사는 사람, 앞으로 사는 모든 사람의 죄를 담당하셨다. 이런 예수님의 사랑을 알지 못하고, 하나님이 어디 있냐며 오히려 부인하며 하나님께 손가락질하는 사람들을 볼 때 그 마음의 고통은 나의 고통의 수십 억 배 이상이라고 생각되었다.

'하나님께서 사랑으로 창조하신 피조물이 오히려 하나님이 없다고 하고 욕하고 있으니, 얼마나 안타깝고 괴로우셨을까…'

예수님의 그 고통을 생각하자니 그 크기가 너무 커서 숨

억울함

이 막히고, 내 배의 창자가 끊어질 것 같은 아픔이 느껴졌다. 그러자 나의 억울함의 고통은 순간 아무것도 아닌 것처럼 여겨졌다.

"저의 죄로 인해 예수님께 십자가에 못 박히는 고통을 드려 죄송합니다. 얼마나 예수님의 마음이 아프셨을까요? 큰 은혜를 베풀어주셨음에도 예수님을 부인하는 모든 사람들을 용서하셨는데, 저는 단지 한 명을 용서하지 못했습니다. 제가 잘못했습니다."

조금 전까지만 해도 나의 억울함의 고통이 너무 감당하기 어려워서 울었는데, 이제는 나와는 비교조차 안 되는 예수님의 큰 고통이 내 마음과 몸 전체로 느껴져서 이로 인해 울게 되었다. 그날 새벽 예배 시간이 될 때까지 몇 시간 동안, 다른 말은 하지 못한 채 단지 "아버지!"만 부르며 울었다. "그래 잘 했다"라고 하나님께서 말씀하시며, 마치 부모가 자녀를 안아주듯 포근하게 나의 온 몸을 감싸주시는 듯한 느낌이 들었다.

그 후 며칠이 지난 주일이었다. 교회 좁은 복도 맞은편에서 오는 그 교역자분과 서로 눈이 마주치게 되었다. 순간 서로 불편한 느낌이 전해졌다. 당황스러운 순간이었다. 그분도 나를 보고 거리가 좁혀오면서 어떻게 할지 당황해 하는 듯 보였다.

'잘못한 것도 없고 자존심도 있으니, 무시하고 얼굴을 들고 당당하게 걸어갈까? 어떻게 해야 하나? 그래도 교역자이고 나보다 연장자이니, 형식적으로라도 슬쩍 고개라도 숙이고 인사하는 척 해야 하나? 그냥 모른 척 지나가 버릴까?'

그 짧은 시간에 어떻게 해야 좋을지 마음이 복잡하여 힘들었다. 그 순간 하나님 아버지께서 이런 마음을 불쑥 주셨다.

'네가 먼저 다가가서 악수하며 화해해라.'

어린 내가 먼저 악수를 청하는 것도 그렇고, 내 성격상 먼저 이렇게 한다는 것은 무척 어려운 것이었다. 그러나 하나님께서 하라하시니, 내 옆을 스쳐 지나치려는 그분에게 순간적으로 다가갔다. 용기를 내어 먼저 악수를 하자고 어색한 웃음을 하며 손을 내밀었다. 그분은 얼떨결에 나이 어린 내가 내민 손을 순간 잡았고, 아무 말 없이 서로 지나쳤다. 내가 한 행동에 얼떨떨해하며 걸어가는데 하나님 아버지께서는 잘하였다고 칭찬해주셨다.

억울함

"먼저 손 내미는 사람이 이기는 것이다."

미워했던 마음이 한결 편하여졌고, 그분을 위해 이미 축복기도를 많이 하였기에 마음의 여유도 생겼다.
나를 힘들게 한 사람에게 복수(?)할 수 있는 방법은 축복하며 사랑으로 갚아 주는 것이다. 원수에게 주는 최고의 고통은 그 사람을 사랑하는 것이다.

"네 원수가 주리거든 먹이고 목마르거든 마시게 하라 그리함으로 네가 숯불을 그 머리에 쌓아 놓으리라"(롬 12:20).

"악을 악으로 욕을 욕으로 갚지 말고 도리어 복을 빌라 이를 위하여 너희가 부르심을 받았으니 이는 복을 이어받게 하려 하심이라"(벧전 3:9).

이렇게 나는 확실한 체험과 많은 은혜를 받았음에도, 이런 일들이 생길 때마다 다시 실천하기가 무척 어렵다. 나를 섭섭하게 한 사람, 나에게 실수한 사람, 나를 화나게 한 사람들에 대한 괘씸한 생각으로 가득 차 있는 내 자신을 보게 된다.
어쩌다가 나름 신앙인답게 한다고 입으로는 용서했다고는 하지만 속마음엔 여전히 그들이 맴돈다. 그들이 뭔가 잘못되기를 바라고 벌을 받았으면 하는 포악한 마음을 가지고 있을 때도 있다. 결국 남을 용서한다는 것은 인간적인 내 힘으로는 어려운 것이다. 하나님 아버지께서 주시는 깊은 은혜가 없으면 인간은 진실한 용서와 화해가 어렵다.

"그 형제를 미워하는 자마다 살인하는 자니 살인하는 자마다 영생이 그 속에 거하지 아니하는 것을 너희가 아는 바라"**(요일 3:15)**.

"아버지, 이 세상 사람들이 아무리 억울함을 당한다 해도, 우리 죄를 대신하여 십자가에서 죽으신 예수님의 억울함에 비할 바가 아니라는 것을 알았습니다. 저에게 상처를 준 한 사람도 용서하지 못하지만, 모든 사람의 죄를 용서해주시는 그 큰 사랑에 감사드립니다. 예수님이 저를 용서해준 것처럼 저도 다른 사람을 먼저 용서하며, 원수라도 축복하며 기도해 줄 수 있는 사랑의 사람이 되기 원합니다."

업그레이드

> 여러분은 이 시대의 풍조를 본받지 말고 마음을 새롭게 함으로
> 변화를 받아서 하나님의 선하시고 기뻐하시고 완전하신 뜻이
> 무엇인지를 분별하도록 하십시오.(롬 12:2)

지금은 스마트 폰(Smart Phone)이 대중화 되었지만, 처음 나왔을 때에는 '이런 신기한 게 있나?' 싶을 정도였다. 예전엔 휴대폰으로 통화나 문자 기능이 전부였는데, 스마트폰이 나오면서 인터넷, TV, 메신저, 카메라 기능 등이 다양해졌다.

내 휴대폰의 배터리 수명이 다 되어서 매장에 가서 배터리를 파냐고 물어보았다. 직원은 휴대폰을 보더니만 아직까지 이런 모델을 쓰고 있느냐는 듯 슬쩍 웃으며 구형 모델은 여기서 안 팔고 고객센터에 찾아가라고 했다. 내 휴대폰을 보고 구형이라고 하니 괜히 시대에 뒤떨어지는 사람이라는 것 같이 들리기도 하였다.

'그래도 산지 3년밖에 안 됐는데…'

지방으로 봉사 활동을 가는 버스 안에서 아는 형제가 신형 휴대폰을 구입했다고 보여주었다. 여러 가지 최신 기능을 자랑스럽게 보여주며 휴대폰을 오랫동안 만지작거렸다. 휴대폰이 좋아 보였다.

사람들은 신형 휴대폰에 관심을 갖고 사고 싶어 한다. 많은 사람들의 생활에 꼭 필요한 것이 되어서 없으면 곤란한 지경이 되었다. 따라서 휴대폰으로 인한 심리적 현상들도 나타난다.

배터리 충전량이 줄어들면 초조해지고, 집에서 안 갖고 나왔을 때에는 큰 실수라도 한 것 같이 하루 종일 불안해한다. 전화 할 일이 없어도 휴대폰을 하루 종일 수시로 주머니에서 꺼내보곤 한다. 휴대폰 충전량이 적으면 불안해 하지만, 기도의 충전량이 부족해도 별 느낌 없이 태연하다. 휴대폰을 소지 안하고 밖에 나가면 '무슨 연락이 오면 어떻게 하나?'하고 안절부절 하여도, 기도를 안 하고 하루를 보내는 것엔 무덤덤하다.

휴대폰으로 신문을 보고 메신저를 하고 이것저것 습관적으로 손이 가는 시간은 날마다 늘어나는데 그에 반해서 말씀

업그레이드

을 보는 시간, 기도하는 시간은 점점 줄어들고 하기 싫어진다. 그러면서도 입으로는 하나님을 사랑한다고 말하며 대범하게(?) 살아가는 나를 본다.

얼마 전 인터넷에서 기도의 유익성에 대하여 휴대폰과 비교한 내용을 읽고 미소가 지어졌다. 그래서 나도 기도와 휴대폰에 대하여 생각한 것을 몇 가지 적어 보았다.

〈 기도가 휴대폰보다 좋은 10가지 이유 〉

1. 휴대폰은 많이 사용할수록 요금이 늘어나지만,
   기도는 많이 할수록 은혜가 늘어난다.

2. 휴대폰은 쓸수록 배터리가 줄어들지만,
   기도는 할수록 성령으로 충전되어진다.

3. 휴대폰 화면은 많이 볼수록 시력저하가 오지만,
   기도는 많이 할수록 영안(靈眼)이 밝아진다.

4. 휴대폰은 계속 좋은 사양으로 업그레이드(upgrade)된
   것을 사야 하지만, 기도는 할수록 내가 하나님의
   사람으로 자동 업그레이드된다.

5. 휴대폰으로는 인터넷 검색을 통해 정보를 얻게
   되지만, 기도하면 하나님께서 저절로 지혜를 주신다.

6. 휴대폰은 요금을 내지 않으면 통화가 중단되지만,
   기도는 하지 않으면 하나님과의 교제가 중단된다.

7. 휴대폰은 상대방이 전화를 받아야 연결되지만,
   기도는 언제라도 하나님과 연결된다.

8. 휴대폰 배터리는 콘센트 전원이 있어야만 충전을
   하지만, 기도는 언제 어디서나 내 영혼을 하나님의
   은혜로 충전할 수 있다.

9. 휴대폰은 파손, 분실과 도난 때문에 보증보험을
   들지만, 기도는 분실 없이 모두 하나님께서 받으시고
   보증하신다.

10. 휴대폰으로는 일일이 지도를 검색하여서 길을 찾게
    되지만, 기도는 하나님께서 직접 나의 길을
    인도하신다.

이렇게 쓰고 보니 내 머릿속에 이런 멋진 생각이 있다는

업그레이드

것에 대견스러웠다. 그러나 한편으로는 이렇게 기도가 좋다고 적어놨지만, 실제로는 아직도 기도를 힘들어하고 머릿속 생각과는 전혀 다른 생활을 하고 있는 내 자신이 참 딱하고 한심하게 여겨졌다.

2013년 기준 우리나라의 스마트폰 교체주기가 15.6개월로 OECD(경제개발협력기구, 34개의 회원국)중에서 1위라고 한다. 새로운 신형모델이 나오면 돈이 들더라도 최신의 유행을 따라서 빨리 바꾸고 싶어 하는 심리 때문일 것이다.

최근에 나도 사고 싶었던 최신형 휴대폰을 구입했다. 주변 사람들이 모델이 뭔지 물어보고 관심있게 만져보았다. 흐뭇한 마음으로 새 휴대폰을 수시로 쳐다보고 있자니, 내 마음 한편에선 이렇게 이야기하는 것 같았다.

'근수야, 휴대폰 업그레이드는 사람의 시선을 끌지만, 기도의 업그레이드는 하나님의 시선을 끈단다.'

"여러분은 이 시대의 풍조를 본받지 말고 마음을 새롭게 함으로 변화를 받아서 하나님의 선하시고 기뻐하시고 완전하신 뜻이 무엇인지를 분별하도록 하십시오"(롬 12:2).

"기도를 계속하고 기도에 감사함으로 깨어 있으라"(골 4:2).

"아버지, 말씀보고 기도하는 시간보다 휴대폰을 갖고 보내는 시간이 훨씬 더 많습니다. 하나님으로 인한 참 평안을 구하여야 하는데, 텅 빈 마음을 다른 것으로 위로를 찾고자 수시로 휴대폰에 손이 갑니다. 기도를 하여도 깊이 있게 안 하고 그냥 습관적이고 형식적으로 했습니다. 휴대폰이 더 좋은 기능으로 업그레이드되는 것처럼, 저의 기도가 또, 저의 삶이 더욱 새롭게 변화되고 발전되길 원합니다. 의욕이 없이 서서히 방전되는 삶을 살지 않게 하시고 날마다 믿음으로 새롭게 충전되는 삶을 살게 해주세요."

울어야 사는 남자

우리가 울어야 할 이유는 다음과 같아서이다. 먼저, 날마다 감사해서 울어야 한다. 전지전능하시고 천지만물을 창조하신 하나님께서 내 아버지라는 사실을 진정 깨닫는다면 어찌 그 감사함에 울지 않겠는가? 악한 자에게 잡혀 빚지고 몸을 파는 불쌍한 창녀를 누가 와서 엄청난 값을 치르고 그곳에서 나오게 하고, 더군다나 자신의 신부로 삼아줬다면 이 창녀는 매일 감사함으로 눈물 흘릴 것이다. 죄의 빚에서 해방된 그 창녀가 실상은 우리인 것이다.

|

교회 지체들과 서로 이야기 중에 삶 속에서 내가 받은 은혜를 나누게 될 경우, 간간히 "...해서 눈물이 났다"라는 말을 하면 사람들은 이해가 안 된다는 듯이 말한다.

"무슨 남자가 그렇게 쉽게 울어요? 하나님이 항상 기뻐하라고 했으니 기쁘게 살아야지 그것 같고 울어요? 다른 남자들은 안 그러는 것 같은데 보기보다 마음이 약하네..."

우리는 기쁜 일이 있을 때 웃는다. 그러나 너무 기쁜 일이 생기면 눈물을 흘린다. 방송국 연말 시상식에서 수상할 때, 미인 대회에서 선발될 때, 오래된 병이 완치되었을 때, 헤어진 부모와 자녀가 다시 만났을 때, 어려운 일이 해결됐을 때, 스포츠 경기에서 메달을 땄을 때 등 이와 같은 경우 좋다고 그냥 실실거리며 히죽히죽 웃는 사람은 거의 없다.

'기쁜데 왜 울까? 더 기쁘면 더 큰 소리로 웃어야 하는데 왜 눈물이 날까?'

나도 예전부터 궁금해서 곰곰이 생각해보기도 했다. 슬퍼서 우는 눈물도 당연히 있다. 가까운 사람이 운명했을 때, 스포츠 경기에서 아깝게 졌을 때, 남녀가 이별했을 때, 사고당할 때, 자녀가 유괴를 당했을 때… 이럴 때 그냥 무감각하게 있는 사람은 없다. 눈물은 슬플 때만 흘리는 전유물로 인식되지만 눈물에는 두 가지 의미가 있다.

'기뻐서 우는 눈물과 슬퍼서 우는 눈물'

어느 의학 전문가는 '눈물은 감정이 일정 수준 이상 올라가면 나타나는 신체반응'이라고 한다. "슬프거나 기쁘다고 해서 항상 눈물이 나오는 것이 아니라 어느 정도의 감정을 느끼는가와 관련이 있다"라고 한다. 즉, "눈물을 흘리는 것

울어야 사는 남자

은 슬픔과 기쁨 등 감정의 종류가 결정하는 것이 아니라 어느 정도의 감정을 느끼는가와 관련이 있다"는 것이다. 나는 이 내용에 덧붙여서 눈물은 '진실함의 정도의 차이'라고 생각해 보았다.

내 인생에 수많은 문젯거리들도 고통이지만, 그보다 더 큰 고통은 내가 하나님 앞에 울어야 할 때 눈물이 나오지 않는 것이다. 그냥 입으로 기도하는 것도 기도지만 나의 경험상, 눈물을 흘리며 기도할 때는 거짓말이 섞이지 않은 진실함이 우러나온다.

'눈물은 진실함이다.'

우리가 울어야 할 이유는 다음과 같다. 먼저, 날마다 감사해서 울어야 한다. 전지전능하시고 천지만물을 창조하신 하나님께서 내 아버지라는 사실을 진정 깨닫는다면 어찌 그 감사함에 울지 않겠는가? 악한 자에게 잡혀 빚지고 몸을 파는 불쌍한 창녀를 누가 와서 엄청난 값을 치루고 그곳에서 나오게 하고, 더군다나 자신의 신부로 삼아줬다면 이 창녀는 매일 감사함으로 눈물 흘릴 것이다. 죄의 빚에서 해방된 그 창녀가 실상은 우리인 것이다.

다음에, 날마다 죄에 대해 슬퍼서 울어야 한다. 예수님은 "애통하는 자가 복이 있다"(마 5:4)라고 하셨다. 이 애통은 단지 자기의 처지를 비관하여 하소연 하듯 통곡하여 우는 것이 아니라, 자신의 죄를 회개하며 하나님 아버지의 자녀로서 바르게 살고자 몸부림치는, '하나님 나라를 향한 의로운 울음, 성결한 울음'이라고 말하고 싶다.

마땅히 구원을 받고 하나님의 은혜로 살아가는 것의 고마움에 날마다 신앙의 성장이 있어야 함에도 불구하고, 변화됨 없이 쉽게 죄를 받아들이며 구원의 의미를 퇴색시키며 살아가는 나를 보게 된다. 하나님 아버지께서 기뻐하시지 않는 내 육신이 하고자 하는 대로 행하면서, 죄송한 마음보다는 오히려 합리화하며 변명 아닌 변명을 줄기차게 늘어 놓는다.

우리는 은혜에 감사해서 울고 하나님 뜻대로 살기 위해서 울어야한다. 나를 힘들게 하는 것은 눈앞에 닥친 문젯거리보다도, 감사함에 무덤덤하고 아무 거리낌 없이 바른 삶을 살지 못함에도 눈물이 나오지 않는 것이다.

나의 소원은 날마다 우는 것이다. 시도 때도 없이 이상한 사람처럼 하루 종일 울기만 한다는 뜻은 아니다. 직접 눈에서 흘리는 눈물도 필요하지만, 더 중요한 내 심령 깊숙이 진실된 마음으로 그렇게 하고 싶다.

우리가 하나님 아버지께서 말씀하신대로 항상 기뻐하기 위해서 먼저 해야 할 것은 '울어야하는 것'이다. '진정한 기뻐함'이란 단순히 기분이 좋게 웃으며 산다는 것이 아니고, 억지로 하려 한다고 되는 것도 아니라, 은혜에 절절히 감사하는 마음에서 자연스럽게 나오는 것이기 때문이다.

'울어야 산다.'

"내가 약할 그때에 곧 강함이니라"(고후 12:10).

"아버지, 제 눈에 평생 눈물이 마르지 않게 해주세요. 아버지의 사랑과 은혜가 감사하고 아버지의 뜻대로 살기 위해서요. 항상 진실한 마음을 갖게 하시며 날마다 눈물 없이, 감사하고 회개하는 일이 없도록 도와주세요."

잔액이 부족합니다

버스카드의 잔액을 확인하듯 우리의 영적상태를 수시로 점검해야 한다. 은혜를 어느 순간에 크게 받았다고 해서 그것이 며칠간 계속 지속되리라고 안일하게 있어서는 안된다. 오늘의 물레방아를 어제의 물로 돌릴 수 없듯이, 새로운 물이 흘러 돌아야 물레방아가 지속적으로 움직인다. 이렇듯 영적인 것을 수시로 가동하고 충전하고 있어야 한다.

|

저녁에 교회 모임을 마치고 집으로 가기 위해서 버스를 탔다. 버스카드가 있는 지갑을 꺼내어 요금단말기에 댔는데 단말기에서 소리가 났다.

"잔액이 부족합니다."

'그럴 리가? 며칠 전에 충전했는데 벌써... '

다시 요금단말기에 카드를 댔다.

잔액이
부족합니다

"잔액이 부족합니다."

버스카드를 몇 번 대는 사이에 내 등 뒤로 바짝 버스를 타려는 사람들이 몰려들었고, 버스기사는 좀 신경질적으로 말했다.

"아니, 잔액이 부족하다잖아요."

버스기사의 말투에 당황해하며 급히 지갑에서 돈을 꺼내 계산했다. 마침 천 원짜리가 한 장 있었기에 다행이었지, 만 원을 내고 잔돈을 거슬러달라고 했으면 더 짜증을 냈을 법한 운전기사를 생각하니 아찔하였다. 며칠 전 버스카드 잔액을 봤을 때 충전 금액이 남아있어서 아직 여유가 있는 줄 알았는데, 신경을 쓰지 않은 사이에 어느새 잔액이 부족하게 되었던 것이다. 기분도 좀 그렇고 하여 상기된 얼굴로 빈자리가 있어서 앉았다. 어찌 보면 별 일도 아닌 것인데 왠지 마음이 이상했다. 방금 요금단말기에서 나온 소리가 자꾸 귀를 맴돌았다.

"잔액이 부족합니다. 잔액이 부족합니다. 잔액이 부족합니다."

다른 때와 달리 뭔가 알 수 없는 느낌이 나를 휘감았다. 그 순간, 신앙생활을 한다고 하지만 형식적인 종교생활을 하는 나의 현재 영적상태를, 요금 단말기 소리를 통하여 하나님께서 알려주시는 것 같아서 당황스럽고 부끄러웠다.

전혀 예상치 않은 순간에 이런 마음이 들자, 갑자기 뜨거운 눈물이 주룩주룩 나왔다. 사람들이 볼까봐 한 손으로 얼굴을 감추고, 버스가 이동하는 시간 동안 격해진 마음을 멈출 수가 없었다. 이런 기계음을 통해서도 나를 일깨워주시는 하나님 아버지의 사랑이 느껴져서 감사하고, 나의 잘못된 삶에 대하여 회개를 하였다.

밀린 빨래하듯이 한 번에 왕창 몰아서 기도하고 예전보다 말씀을 읽는 것도 줄어들었다. 마치 여름수련회에서 크게 은혜를 받은 사람이 그것으로 1년을 버티려고 하는 것 같이, 예전에 축적된 것으로 근근이 버티려고 하는 나의 모습이었다. 내가 잔액이 부족(**영적 고갈, 기도와 말씀 부족, 하나님 아버지와의 관계 등**)하니 다른 사람들에게도 좋은 영향을 끼치지 못하고, 내 자신도 평안이 없는 불만족스러운 생활이었다.

버스카드의 잔액을 확인하듯 우리의 영적상태를 수시로 점검해야 한다. 은혜를 어느 순간에 크게 받았다고 해서 그것이 며칠간 계속 지속되리라고 안일하게 있어서는 안 된다. 오늘의 물레방아를 어제의 물로 돌릴 수 없듯이, 새로운 물이 흘러 돌아야 물레방아가 지속적으로 움직인다. 이렇듯 영

잔액이 부족합니다

적인 것을 수시로 가동하고 충전하고 있어야 한다. 항상 성령의 충만함으로 충전되어 있지 않으면 하나님 아버지께서 원하시는 믿음의 수준에 통과할 수 없는 것이다.

그날 대수롭지도 않은 사소한 일을 통해서도 나의 영적상황을 잘 이해되도록 섬세하게 일깨워주신 하나님 아버지로 인해, 버스 안에 있었지만 마치 부흥회에 참석한 것 같은 회개와 은혜와 감사의 시간이 되었다. 집으로 돌아오는 시간 내내 나의 마음속에 이런 생각이 맴돌았다.

'근수야, 너는 지금 하나님으로 가득 충전되어 있느냐? 네 생각으로 가득 충전되어 있느냐?'

"빌기를 다하매 모인 곳이 진동하더니 무리가 다 성령이 충만하여 담대히 하나님의 말씀을 전하니라"(행 4:31).

"술 취하지 말라 이는 방탕한 것이니 오직 성령으로 충만함을 받으라"(엡 5:18).

"내가 이르노니 너희는 성령을 좇아 행하라 그리하면 육체의 욕심을 이루지 아니하리라"(갈 5:16).

"아버지, 제가 소중히 여기는 통장의 잔액보다 더 중요한 영적 충만함이 부족한 채 살았습니다. 배고픔은 금방 느끼면서 영적인 부족을 느끼지 못하고 사는 저를 도와주세요. 제 마음은 저의 욕심과 삶의 염려로 가득 채워져 있었습니다. 영적 잔액이 부족한 채 아슬아슬하게 살아가지 않도록 해주시고, 오늘도 저의 마음이 하나님 아버지로 가득 충전되어지길 원합니다."

제비꽃

사람들은 그 사람의 내면의 됨됨이 보다는 보이는 외적인 것에 더 가치를 둔다. 하지만 하나님 아버지께서는 외모를 보지 않고 그 사람의 중심을 보신다고 하셨다. 견고하지도, 키가 크지도, 열매를 맺지도, 아름다운 꽃도 없지만, 그것에 불만족하지 않고 오히려 감사하며 생기있게 살아가는, 아주 작은 제비꽃 같은 사람을 하나님께서는 더욱 귀하게 여기시는 것이다.

I

교회에서 자주 만나는 형제가 있었다. 그 형제를 만날 때면 나도 모르게 나오는 말이 있었다.

"요새 머리카락이 점점 빠져 걱정이네. 에이~"

이런 말을 자주하게 되는 것은 그 형제의 머리숱이 매우 촘촘해서, 나와 비교가 되어 괜한 위축감에 그러는 것이었다. 내 자신의 생김새에는 나름 감사하고 있었으나 머리숱만 더 촘촘하면 나이도 더 젊어 보이고 좀 더 멋있어 보일 것 같아서, 안경을 쓴 것과 더불어 내 신체에 불만족으로 여겼던 부분이었다.

어느 날, 그 형제를 안지는 오래되었으나 처음으로 함께 사우나에 갔다. 옷을 벗어 옷장에 넣고 그 형제를 보는 순간, 나는 몸이 정지되며 하마터면 "악~"하고 큰 소리가 나올 뻔했다. 그 형제는 완전히 머리카락이 없었던 것이었다. 내가 그렇게 부러워했던 빼곡한 그 형제의 머리숱은 실은 가발이었다. 그 형제는 자기도 쑥스러운지 나를 보고 빙그레 웃었고, 나는 놀란 마음을 들킬까 봐 아무렇지도 않은 것처럼 하며, 마음을 진정시키기 위해서 급히 화장실로 향했다. 놀란 가슴으로 허겁지겁 화장실로 몇 발자국 걸어가는 그때 들려오는 소리가 있었다.

"너에게 얼마나 더 해주어야 네가 감사하겠냐?"

내가 남들보다 좋은 것을 많이 가졌음에도 불구하고 거울을 볼 때마다 줄어드는 머리숱으로 인해 속상해 하는 나에게 하나님께서 말씀하시는 음성이었다. 나는 가슴이 울먹이며 눈물이 나오려고 해서, 남들이 볼까 봐 얼른 화장실내로 들어갔다. 변기에 앉아서 하나님 아버지께 부끄러운 내 자신이 죄송스러워서 용서를 빌었고, 이내 눈물이 주르륵 흘렸다.

생각해보니 나의 노력과 관계없이 태어날 때부터 신체적

제비꽃

으로 좋은 혜택을 받고 태어났고 처음 보는 사람들도 나에게 "인상이 좋으시다"라고 많이 말해주었다. 하나님 아버지께서 나에게 말씀하신 것처럼 따지고 보면 나는 다른 사람들보다 감사할 것을 더 많이 받았다.

'그 형제보다 훨씬 많은 머리숱이 있었음에도 그 사람을 부러워했는데, 오히려 그 사람은 나를 볼 때마다 얼마나 부러워했을까? 그리고 나의 말에 마음이 불편했을 텐데 그런지도 모르고…'

그 형제에게 너무 미안한 생각이 들었고 마음의 상처를 준 것 같아서 회개하며 그 형제를 위로해 주시기를 기도했다. 화장실 안에서 거울을 봤는데 그 형제와 비교해서 그런지, 아니면 하나님 아버지께서 깨닫게 해주셔서 감사하는 마음이 생겨서인지, 다른 때와 달리 내 머리숱이 굉장히 많아 보였다. 나중에 그 형제가 말하기를 교통사고로 머리를 다쳐서 그렇게 되었다고 하여서 안타까웠다.

어느 날 교회 사무실에서 공동체내의 형제, 자매가 내 옆에서 이야기하고 있었다. 나이를 먹어가니 서로 자신들의 머리에 흰 머리카락이 나서 걱정이라는 것이었다. 그러다가 그 중에 한 명이 나를 가리키며 말했다.

"와! 근수 형제님은 흰머리가 없네!"

그들은 무슨 신기한 것을 보듯 순식간에 달려와서 내 머리를 뒤적이며 살펴보았다. "진짜 흰머리가 없네, 좋겠다!"라며 부러운 목소리로 말했다. 나보다 몇 살 적은 이들이 예의 없게, 함부로 내 머리를 만지며 말하는 내용이 어이가 없어서 말했다.

"자기들은 대신 나보다 머리숱이 많잖아."

그러자 그들은 마치 서로 입을 맞춘 것처럼 동시에 같은 말이 나왔다.

"그래도…"

풀이하면 "우리는 머리숱이 당신보다 많지만 그래도 흰머리가 없는 당신이 부럽다"는 말이었다. 속으로 한참 웃었다.

'이런 경우들도 있구나.'

나는 지금 머리숱이 점점 빠져서 걱정을 하고 있는데, 이들은 그런 나의 머리숱을 부러워하다니 아이러니했다. 자신이 갖고 있는 좋은 것은 몰라보고 다른 사람이 갖고 있는 것을 부러워하는 상황이었다.

제비꽃

어느 임금이 하루는 자기가 가꾸는 아름다운 정원에 나가 보니 화단의 꽃과 나무들이 시들시들 죽어가고 있었다. 임금 님은 깜짝 놀라서 먼저 키가 짤막한 참나무에게 "너는 왜 죽어 가느냐?"고 물었다. 참나무는 "저는 멋진 전나무처럼 늘씬하게 크지 못하니 살아서 무엇을 하겠습니까?"라는 것이었다. 이번에는 키가 큰 전나무에게 "너는 왜 죽어가고 있느냐?"고 물었다. 전나무가 대답했다.

"저는 포도나무처럼 열매도 맺지 못하니 죽어 버리는 게 마땅합니다."

임금님은 답답한 마음으로 이번에는 포도나무를 보며 죽어가는 이유를 물었다. 포도나무는 "장미처럼 아름다운 꽃도 피우지 못하니 저는 살아야 할 필요가 없습니다"라고 대답했다. 이번엔 장미가 "저의 몹쓸 가시로 인해 부끄러워 죽어버리고 싶습니다"라고 말했다. 그런데 죽어가는 꽃과 나무들 사이에 이상하게도 제비꽃은 아름답고 탐스럽게 피어있었다. 임금님이 궁금해서 제비꽃에게 물었다.

"정원의 모든 꽃과 나무들이 죽어가고 있는데 너는 어째서 힘차게 살고 있느냐?"

제비꽃이 임금님께 대답했다.

"보잘것없는 저를 정원에 심어주신 임금님의 은혜를 생각할 때 키가 작고 보잘 것 없어도 너무 감사해서 열심히 살고 있습니다."

임금님은 제비꽃의 대답을 듣고 매우 기쁘고 흐뭇해했다.

우리 자신은 각자 참나무처럼 견고하고 전나무처럼 키가 크고 포도나무처럼 열매를 맺고 장미처럼 아름다운 꽃이 있다. 그럼에도 불구하고 자신의 가진 것에 감사하지 못하고 참나무처럼 자신의 키가 작다고, 전나무처럼 열매가 없다고, 포도나무처럼 아름다운 꽃이 없다고, 장미처럼 몸에 가시가 있다고 다른 사람과 비교하며 자신감 없이 살아가는 경우가 많다.

"여호와께서 사무엘에게 이르시되 그 용모와 신장을 보지 말라 내가 이미 그를 버렸노라 나의 보는 것은 사람과 같지 아니하니 사람은 외모를 보거니와 나 여호와는 중심을 보느니라"(삼상 16:7).

사람들은 그 사람의 내면의 됨됨이보다는 보이는 외적

제비꽃

인 것에 더 가치를 둔다. 하지만 하나님 아버지께서는 외모를 보지 않고 그 사람의 중심을 보신다고 하셨다. 견고하지도, 키가 크지도, 열매를 맺지도, 아름다운 꽃도 없지만 그것에 불만족하지 않고 오히려 감사하며 생기 있게 살아가는, 아주 작은 제비꽃 같은 사람을 하나님께서는 더욱 귀하게 여기시는 것이다.

"아버지, 저에게 주신 것에 감사하지 못하고 오히려 제가 갖지 못한 것으로 인해 불평하며 살았던 것을 용서해주세요. 좋은 것들을 많이 받았음에도 불구하고 다른 사람과 비교하며, 지금보다 더 많은 것을 주시기를 바라며 살아왔습니다. 키 작은 제비꽃처럼 지극히 적은 것을 가진 것으로도 감사할 수 있게 해주세요. 무엇을 더 주셔야 감사하는 것이 아니라 지금 저의 모습과 삶을 진실로 감사하며 살아갈 수 있기를 원합니다."

주의 사랑 이곳에

아버지, 이혼으로 인해 깨어지는 가정이 많습니다. 이로 인해
방황하며 쉽게 죄의 유혹에 빠지는 어린 청소년들이 있습니다.
갈라진 가정을 회복시켜주시고, 이들이 환경이 어렵다고 방황하며
잘못된 것에 휩쓸리지 않게 도와주세요.

I

2004년도 2월부터 교회 공동체 몇 명과 함께 소년원 사역을 시작하였다. 함께 예배드리고 소그룹 성경공부와 나눔을 통해, 하나님의 말씀과 사랑을 전하였다.

소년원이란 법원으로부터 보호 처분을 받은 10세 이상 19세 미만의 소년, 소녀들을 수용하여 1년 반 정도의 기간 동안에 다각적으로 교육을 실시하는 곳이다. 그리하여 건강한 정신과 행동으로 사회에 나가 적응을 잘 할 수 있도록 돕는 법무부 산하 특수교육기관이다.

전국에 10개의 소년원이 있으며, 규율 있는 생활 속에서

주의 사랑 이곳에

교과교육, 직업능력 개발훈련 등을 배운다. 소년원은 소년교도소와는 구별되는데, 소년원생들은 대부분 경미한 죄(그 중 절도가 70% 이상)를 범하여 보호처분을 받은 아이들이다. 소년교도소는 성인 범죄와 마찬가지로 형사재판을 받은 청소년들이 수용되는 곳으로 범죄유형도 대부분 강력범들이다.

문제는 재범률이다. 소년원 퇴원 후 그 아이들의 50% 이상이 다시 죄를 범한다. 이들의 약80% 이상이 부모가 이혼한 결손가정이다. 따라서 소년원을 퇴원하여 사회 혹은 가정에 돌아갔지만, 가정이나 주변 환경은 달라진 것이 없기 때문에, 나쁜 친구들과 휩쓸려 다시 쉽게 유혹에 빠지는 경우가 많다.

통계적으로 성인범죄자의 60% 이상이 소년원 출신이라 한다. 이렇게 볼 때 소년원 사역은 장차 사회의 범죄율을 감소시키는 막중한 사명을 가진 사역이라 할 수 있다. 방황하는 이 시기에 예수님의 사랑을 전하는 것은 매우 중요하다. 다음은 내가 사역한 곳에 있었던 한 학생의 가슴 아픈 이야기이다.

〈 소년원, 교도소 수감 父子 9년 만에 재회 〉
2006.10.1 연합뉴스 조성현 기자

서울 소년원에 머물고 있는 홍씨(18)군은 한가위를 나흘 앞둔 2일 특별한 만남을 위해 강원도 원주를 찾는다. 원주교도소에 수감 중인 아버지를 만나기 위해서다. 공교롭게도 아들은 소년원에, 아버지는 교도소에 수용된 상태에서 9년 만에 얼굴을 맞대게 됐다. 아버지 홍씨는 아들이 여덟 살이던 해 사람을 죽여 징역 15년을 선고 받았다. 수감 생활은 올 해로 9년째다. 홍군은 아버지가 살인을 저지르게 된 상황이 자신과 무관치 않아 가슴이 더욱 아프다. 1일 법무부에 따르면 홍군의 아버지는 1997년 홍군이 친구들로부터 따돌림을 받고 싸웠다는 소식을 듣고 술에 취한 채 아들의 친구를 찾아가 따지다가 흉기로 아들 친구를 찔러 죽이고 말았다. 이유야 어쨌든 홍군의 아버지는 무고한 목숨을 앗아간 '살인범' 처지가 됐고 홍군은 가정의 보호막에서 버려져 방황하기 시작했다. 어머니는 홍군이 태어나자 가출해 어린 홍군을 돌봐줄 사람도 없었다. 결국 홍군은 비행 청소년 딱지가 붙은 채 소년원 신세를 지게 됐다.

그러나 홍군은 소년원에서 새 사람이 됐다. 창업반에 들어와 PC 정비를 배웠고 8월에는 고졸 검정고시에 합격해 정상적인 교육을 받은 또래 아이들과 어깨를 나란히 했다. 이번에 아버지를 만나면 이 기쁜 소식을 가장 먼저 전해줄 생각이다.

홍군은 아버지를 위해 책을 두 권 장만했다. 돌이킬 수 없는 죄를 지었고 피해자 가족에게 너무나 아픈 상처를 준 아버지이지만 하나밖에 없는 아버지를 위해 홍군은 '용서'와 '마시멜로 이야기'를 준비했다. 원주교도소는 홍군의 특별한 만남을 위해 교도소에 별도의 방을 마련해 오랜 시간 못 나눈 부자의 정을 되찾을 수 있는 기회를 배려할 예정이다.

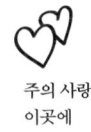
주의 사랑
이곳에

기억에 남는 학생이 또 있다. 그곳에서 제일 어리고 키가 작아서 한 눈에 봐도 초등학생 나이임을 알 수 있었다. 밝은 성격이었고 내 눈에는 마치 아기 같았다. 단체복이 맞지 않아서 바지와 옷의 소매를 여러 번 접은 모습을 보면 애처로웠다. 전에 퇴원한다고 들었는데 몇 달 후에 또 보여서 혹시 내가 잘못 알았나 생각해서 물어보았다.

"너 한동안 안 보이던데 퇴원했던 것 아니었니?

그 학생은 별일이 아니라는 듯 말했다.

"퇴원했었는데요, 몇 달 안 되어서 또 잡혀왔어요."

이렇게 말하고는 웃으며 다른 아이들 있는 쪽으로 달려갔다. 나는 충격을 받았다.

'어리다 보니 뭘 모르고 진짜 철이 없어서 그런가? 그리고 나간 지 몇 달이 안 되었는데 또 잡혀서 오다니…'

어린 나이에 몸에 크고 작은 문신을 한 학생들도 여러 명 있고, 그곳에서도 자신의 주먹을 자랑하며 거들먹거리는 아이들도 있다. 예배 및 성경공부 시간에도 집중을 안 하고 장난치기도 하여 주의를 주느라 힘들 때도 있다. 어느 날은 이곳에 온지 몇 달 안 되는 얌전한 한 학생이 나에게 말했다.

"소년원에 와서 예배드리면서 예수님을 믿게 되었고요, 자기 전에 항상 기도를 해요."

이럴 때는 사역에 보람을 느낀다. 나도 자기 전에 기도를 안 할 때가 많은데 이런 순수한 모습을 보며, 나태하고 대충 신앙생활을 하는 것에 반성하기도 한다.

"여기 와서 제일 생각나는 것이 무엇이니?"라고 물어보면 대부분의 학생들은 부모님이라고 말한다. 부모님께 자주 말썽 피우고 반항심도 가졌지만 어린 나이에 이곳에 와보니 부모님의 소중함을 제일 느끼게 된 것이다. 소년원에 와서 예수님을 영접하고 건강한 모습으로 변한 아이들도 많고, 나중에 목사가 되어 국내 사역 및 해외에 선교사로 사역하시는 이들도 여럿 있다. 이렇듯 소외되고 그늘진 많은 곳에 하나님께서는 우리가 함께 하기를 원하신다.

"가라사대 내가 진실로 너희에게 이르노니 너희가 여기 내 형제 중에 지극히 작은 자 하나에게 한 것이 곧 내게 한 것이니라"(마 25:40).

"거룩한 처소에 계신 하나님은 고아의 아버지시며 과부의 재판장이시라"(시 69:5).

"아버지, 이혼으로 인해 깨어지는 가정이 많습니다. 이로 인해 방황하며 쉽게 죄의 유혹에 빠지는 어린 청소년들이 있습니다. 갈라진 가정을 회복시켜주시고, 이들이 환경이 어렵다고 방황하며 잘못된 것에 휩쓸리지 않게 도와주세요."

집사 되기

직분의 높고 낮음에 관계없이 항상 섬김의 낮은 자세로, 겸손하게
작은 일에도 충성하길 원합니다. 무엇을 맡았을 때 부담스러워
하지 않고 감사함으로 할 수 있게 해주세요.

I

　내가 20대 말에 처음 신앙생활을 하였던 교회에서의 일이다. 교인이 천여 명 정도 되는 교회였다. 나보다 나이가 몇 살 많은 공동체 내의 미혼 자매 몇 명이 30대 초에 집사 직분을 받았다. 몇 해가 지난 후 내가 그때 자매들이 직분을 받은 나이가 되었는데도, 교회에서 아직 집사를 안 달아(?) 주는 것이 내심 불만이었다. 왜냐하면 나도 나름 교회 생활을 잘하였다고 여겼고, 교역자와 성도님들도 많이 칭찬해주셨기 때문이었다.
　집사가 빨리 되고 싶었던 또 다른 이유 중에 하나는 대학

집사 되기

부나 청년부의 어린 친구들이 나를 보고 "형제님!"이라고 부르는 것에 기분이 많이 나빴기 때문이다.

'오빠나 형이라고 불러야지, 이것들이 나랑 맞먹으려고 나보고 형제님이라고 그래? 에이, 빨리 집사가 되든지 해야지…'

어느 날 교역자실로 담당교구 여자 전도사님을 찾아가서 다짜고짜 말했다.

"왜 저는 집사 안 줘요? 전에 몇몇 자매가 집사 되었을 때의 나이가 저도 됐는데요. 자매와 형제를 차별합니까? 교회에서 결혼 안 한 사람은 집사 직분을 안 주나요? 어린 아이들이 나보고 버릇도 없이 형제님이라고 부르는 것도 듣기 싫다고요."

전도사님은 평소 조용하고 모범적인 내가 찾아와서 이런 말을 하자 매우 당황하셨다. 전에는 나에게 동생처럼 편하게 말을 하셨는데, 갑작스럽게 흥분하여 변한 나의 모습에 조심스럽게 말씀하셨다.

"근수 형제님, 미안해요. 집사로 임명해야죠. 올해 말에 교회에 신청해보겠어요. 미리 챙겨주지 못해서 미안해요."

내가 마치 집사로 빨리 임명을 안 해주면 시험이 들어서 교회 떠날 것 같이 보였을 것이다. 이러던 차에 어느 날 교회에서 잘 아는 집사님과 권사님을 각각 만나게 되었다. 이런저런 이야기를 하는데 이분들 모두가 나에게 말할 때마다 집사님이라고 불러 주셨다. 실례가 될까봐 가만히 있을까 하다가 계속 아무렇지 않게 듣는 것도 편하지 않아서 웃으며 말했다.

"저 집사 아니에요. 그냥 근수 형제라고 불러주세요."

그러자 이분들은 놀라며 똑같은 말씀을 하셨다.

"근수 형제 같은 사람에게 집사를 안 주면 어떻게 해? 내가 담임 목사님께 찾아가서 이야기할게."

이분들은 내가 당연히 집사가 된 줄 알았던 것이다. 일이 괜히 커지는 것 같았지만 교회에서 영향력 있는 분들이 직접 말씀해 주시겠다고 하니, 집사는 따 놓은 당상이나 마찬가지여서 기분이 흐뭇하였다. 그러던 어느 날 저녁, 외부 초청 강사를 모시고 드리는 예배가 있었다. 여러 말씀 중에서 강사님을 통해 강력히 나에게 울리는 말씀이 있었다.

집사 되기

"직분은 계급이 아닙니다."

왠지 하나님 아버지께서 나에게 하시는 말씀이라 여겨져서 도둑이 제 발 저리는 양, 가슴이 뜨끔해지고 얼굴이 화끈거렸다. 마치 하나님께서 철이 없는 나에게 들으라고 이분을 초대하신 것 같아서, 깜짝 놀라며 민망했다. 내가 집사를 마치 회사에서 일정기간이 지나면 과장, 부장 달아주는 것처럼 여겼던 것이다.

"직분은 계급이 아니고 섬기는 것입니다."

강사님을 통해 하나님의 따끔한 가르침에 좀 겸손해진 어느 날이었다. 저녁 예배 후에 담당교구 여자 전도사님께서 내가 앉은 자리로 오셨다.

"이번에 형제님에게 집사 직분 주기로 결정했는데 받으시는 거지요?"

그러나 나는 얼마 전에 항의하듯 전도사님께 이야기하던 태도에서 돌변하여 겸손한 목소리로 진지하게 말했다.

"저는 형제 직분도 제대로 감당하지 못해서 집사 직분을 받지 못하겠습니다."

전도사님은 내가 집사 직분을 제때에 안 챙겨줘서 아직도 화가 난 줄 알고 놀래시며 다시 말하셨다.

"그러지 마시고 결정된 거니까 받으세요."

나는 다시 아주 단호하게 응답했다.

"저는 성경도 많이 읽지 않았고, 전도도 많이 하지 못해서 자격이 없습니다."

전도사님은 특별히 담임 목사님과 협의하셨는지라, 거절하면 전도사님이 중간에서 입장이 곤란한지 거듭 간청하듯 말하셨다.

"이번에 받으세요. 집사님 되고 잘하시면 되잖아요."

다시 그러고도 몇 번을 거절하다가 이런 생각이 들었다.

'이러다가 전도사님이 중간에서 곤란해질 것 같고, 이왕 이렇게 된 것 나도 집사 직분을 받으면 직분에 맞게 책임감

집사 되기

있게 살아가겠지?'

전도사님이 나를 위해 수고하셨는데 내가 좀 완강하게 한 것 같아서 알았다고 했다. 드디어 집사 직분을 받는 날이 왔다. 전날에 부목사님을 통해, 임명장을 대표로 받게 되니까 깨끗한 옷차림으로 오라는 연락을 받았다. 집사를 계급으로 여기지 않고 잘 섬기며 평신도일 때보다 더 성경도 많이 읽고 예배도 잘 드리고 기도와 전도, 봉사를 더 잘해야겠다는 비장한 마음으로 집사 임명장을 받았다.

예배가 끝난 뒤 많은 교인들이 마치 자기 가족의 일처럼 나에게로 와서 반갑게 웃으며 축하해 주어서 집사가 된 것이 실감 되었다. 집사 임명장을 자랑스럽게 손에 들고 출입문을 향해 나가려는데, 마치 기다렸다는 듯이 통로에서 부목사님이 나를 맞았다.

"박근수 집사님! 집사님 되신 것 축하드려요."

그 말을 듣자 이제 평신도라는 졸병(?)에서 진급하여 부목사님과의 계급차이(?)가 줄어든 것 같았고 '님'자가 붙으니 기분이 좋았다. 어제와는 다른 신분이 된 것 같았고 나도 이제 청년에서 어엿한 교회의 성인으로 대접을 받는 것 같았다. 이어 부목사님이 웃으면서 말하셨다.

"집사 받았으니 기념으로 에어컨 물통의 물을 화장실에 좀 버려주세요."

에어컨에 배수처리 배관이 설치가 안 되어서, 내부에서 나오는 물을 호스로 연결하여 큰 물통으로 받아서 버려야 했었다. 순간 나는 집사 직분 받고 지금 막 예배가 끝나서 몇 걸음도 걷지 않았는데, 바로 일을 시킨 것에 기분이 상했다.

'아니 하필 지금이야? 주변에 다른 사람들도 많은데 남의 기분 파악도 못 하고, 물통은 혼자 들기가 얼마나 무거운데…'

나는 어쩔 수 없이 맘에 내키지 않기에 몸을 질질 끌다시피하여 억지로 허탈하게 에어컨 쪽으로 걸어갔다. 커다란 물통을 혼자 뒤뚱거리는 오리궁둥이를 하고 끙끙거리며 들었다. 얼굴이 순간 뻘겋게 되었고 물이 출렁거려서 쏟지 않도록 조심해야 되어서, 조금씩 옆으로 이동하였다. 물이 가득 찼었고 물통이 커서 실은 2명이 들어야 했다.

이런 나의 모습을 보고 예배 끝나고 나가는 성도마다 웃으면서 축하한다고 하였다. 내가 역시 모범적이고 교회 일에 앞장서서 잘 섬긴다고 감동받는 표정을 지었다.

집사 되기

'오늘 바로 집사가 되었는데 내 모습이… 집사 체면에… 하필 오늘 이런 것을 시키지? 다른 사람을 시키지, 남의 기분도 모르고…'

나에게 이런 일을 시킨 부목사님이 원망스러워 계속 속이 부글부글 끓었다. 주일 대예배가 끝난 후라서 화장실은 성도들로 가득 찼다. 화장실 안에서도 나의 이런 모범적인(?) 모습을 보고, 남자 교인들이 "역시!"하며 칭찬을 하였다. 물을 빨리 쏟아버리고 화장실에서 벗어나고 싶어서 물통을 많이 기울이다보니, 소변을 보는 장로님 바지에 물이 튀었다. 설상가상, 엎친 데 덮친 꼴이었다. 장로님의 반응이 어떨까 순간 긴장되었다. 평소에 화도 전혀 안 내시고, 말씀도 아주 젊잖게 하시고, 선비 같이 인자하신 장로님이셨는데, 방금 축하해주던 얼굴과는 달리 나를 날카로운 눈빛으로 노려보시는 것 같았다.

그 괴로운 순간, 갑자기 번쩍하며 떠오르는 생각이 있었다. 집사 임명장을 받는 순간까지도 내가 집사가 되면 앞으로 지금과 달리 더 열심히 겸손히 잘 섬기겠다고 했는데, 순간 나도 모르게 다 잊어버리고 집사로서 대접을 받고 싶어 하는 나의 마음을 살피게 되었다. 하나님 아버지께서는 집사 받는 첫날, 직분의 의미를 다시금 깨닫게 해주시려고, 그 많은 교인 중에서 나에게 부목사님을 통해서 물통의 물을 버리게 하신 것 같았다. 얼굴이 화끈거리고 부끄럽고 당황스러웠다.

나중에 장로가 된다면 근엄하고 폼 잡고 다른 사람들을 지시하는 것이 아니라, 더 섬기라고 주신 직분으로 알고, 어린아이라 할지라도 내가 먼저 인사하고 교회 내의 휴지도 먼저 주우려고 했었지만 금방 마음이 바뀐 것이다. 어떤 자세로 직분을 감당해야 하는지를 이 일로 다시 알려주신 하나님 아버지께 감사하며, 변질되지 않게 해달라고 기도를 했다.

그 후 어느 날, 집으로 택시를 타고 가던 중이었다. 택시 기사 분을 전도하고자 하는 마음이 생겨서 교회에 다니시냐고 물어보았다. 그러자 자신도 교인이라도 하며 나에게 물었다.

"직분이 어떻게 되세요?"
"집사입니다."
"아, 집사님이세요?"

나는 "저는 집사라고 불리는 것이 부끄럽습니다"라고 쑥스러워했다. 기사 분은 "왜 그러세요?"라며 의아한 표정으로 물어보았다. 나는 집사가 되기 위해 벌어졌던 부끄러운 일을 이야기하며, 집사가 되는 것이 중요한 것이 아니라 집사로 사는 것이 더 중요하다고 말했다. 집사가 계급이 아님을 그리고 현재 집사로서의 직분대로 잘 살아가지 못하고 있음을 이

집사 되기

야기했다. 그러자 예상치 못한 나의 이야기에 좀 신선한 충격을 받은 듯 말했다.

"저도 집사인데 그런 생각을 전혀 안 하고 있었네요. 오늘 덕분에 좋은 이야기를 들었습니다. 저도 앞으로 잘해야겠다고 도전을 받습니다. 고맙습니다."

택시는 집 앞에 도착하였고 집사로서 서로 잘하자고 악수하며, 마치 오래된 동료처럼 웃으며 헤어졌다.

"그 주인이 이르되 잘하였도다 착하고 충성된 종아 네가 적은 일에 충성하였으매 내가 많은 것을 네게 맡기리니 네 주인의 즐거움에 참여할지어다 하고"(마 25:21).

"나를 능하게 하신 그리스도 예수 우리 주께 내가 감사함은 나를 충성되이 여겨 내게 직분을 맡기심이니"(딤전 1:12).

"그리고 맡은 자들에게 구할 것은 충성이니라"(고전 4:2).

"아버지, 교회에서 직책을 맡았을 땐 뭔가 영적이고 의젓해 보이려고도 했습니다. 직분의 높고 낮음에 관계없이 항상 섬김의 낮은 자세로, 겸손하게 작은 일에도 충성하길 원합니다. 무엇을 맡았을 때 부담스러워 하지 않고 감사함으로 할 수 있게 해주세요.

추위의 의미

추위라는 나의 삶의 어려움이 내 앞에서 당장 없어지지는 않았지만
고난을 바라보는 나의 시각이 변한 것이었다. 이내 나의 눈가에는
따뜻한 눈물 방울로 감싸졌다.

I

봄이 얼마 남지 않은 2월, 강추위가 연속으로 10여일 정도 지속되었다. 우리나라 겨울철 날씨는 '삼한사온'(三寒四溫)이라고 하여 보통 3일간은 춥고 4일간은 따뜻해야 하는데, 연속된 강추위로 인해 너무나 생활하기가 불편하고 밖에서 다니기가 힘들 정도였다. 아직 겨울이 끝나기 전이라고 하더라도 10여일씩 연속된 추위는 별로 겪지 않은 것 같다. 전에도 이런 날씨가 있었겠지만, 더 매섭게 느껴지는 것은 추운 날씨 같이 텅 빈 내 마음 때문일지도 모른다.

추위가 빨리 끝나기만을 바라는 어느 날, 언제 그랬냐는 듯 날씨가 매우 포근하고 따뜻하였다. 진짜 온 몸이 날아갈 것 같다는 표현처럼 큰 고통에서 해방된 것 같은 기분이었다. 버스를 타고 가던 길을 오랜만에 쨍쨍 빛난 햇살을 즐기며 걸었다. 한 시간을 걷는다고 해도 힘들기는커녕 즐거울 것 같았다. 그동안 내 몸 안에서 움츠려 있었던 작은 세포들 하나하나까지도 기지개를 켜는 것 같이 몸이 활기차고 훈훈함이 감돌았다.

'아, 언제 이런 기분을 느꼈던가!'

너무 따뜻함에 좋아하고 있는데 갑자기 이런 생각이 들었다. 만약 날씨가 덜 추웠더라면 몰랐을 텐데, 강력한 추위가 연속으로 있었기에 따뜻함을 더 크게 느끼고 있다는 것이다. 사람들은 매일 날씨가 맑고 따뜻하기를 바란다. 비가 오거나 추운 것을 더 좋아하는 사람은 많지 않을 것이다. 그러나 매일 따뜻하다면 사람들은 따뜻함이 주는 고마움을 잊어버리게 된다. 걸음을 멈추고 이 행복하고 평온한 기분을 나누고자, 교회 모임 조원들에게 휴대폰으로 문자 메시지를 보냈다.

"날씨가 따뜻하니 너무 좋습니다. 만약 추위가 없었다면 따뜻함의 고마움도 잊고 살겠지요."

추위의 의미

　강추위가 지속되다가 따뜻해진 날씨로 인해, 혹시나 조원들도 지금 내 마음 같아서 당장 몇 건의 답장 문자 메시지가 올 듯도 싶었다. 그러나 무덤덤한 조원들로부터 한 건의 답장도 오지 않아서 조금 섭섭했지만, 그래도 답장에 관계없이 나의 행복한 마음을 나누고 싶었다.

　'하나님의 자녀가 됐는데도 왜 하나님께서는 어려움을 빨리빨리 해결해 주지 않으실까? 나에게는 힘든 일이지만 하나님의 입장에선 눈만 잠깐 깜빡여도 해결할 수 있는 아주 쉬운 문제들인데…'

　내 마음 속 깊숙이 자리 잡고 있었던 답답함과 이해 못함을, 하나님 아버지께서 오늘 날씨를 통해 깨닫게 해주셨다. 자녀가 힘들어하는 것을 보고 뒷짐을 지고 아무렇지도 않은 듯 가만히 있을 부모가 어디 있겠는가? 그러나 추위라는 큰 고난을 우리에게 허락하신 뒷면에는 아버지의 큰 뜻이 있다. 우리의 관심은 '편안한 삶'이지만 하나님 아버지의 관심은 자녀의 '감사하는 삶'에 있다고 생각되었다.

　즉, 우리의 바람은 추위라는 인생의 고난이 빨리 없어지는 것이지만 우리를 사랑하시는 하나님은 고난을 통해 더 큰 감사의 사람이 되기를 바라신다. 우리는 삶 속에서 생기는 크고 작은 여러 어려움을 치워달라고 기도해야겠지만, 더 중요한 것은 어려움을 통해 더 감사할 수 있는 사람이 되게 해 달라고 해야 할 것이다. 하나님 아버지께서는 우리가 햇살의 작은 따뜻함에도 감사할 수 있음은 물론이요, 인생에서 추울 때나 따뜻할 때나 언제든 감사할 수 있는 자녀가 되기를 바라신다.

"항상 기뻐하라 쉬지 말고 기도하라 범사에 감사하라 이는 그리스도 안에서 너희를 향하신 하나님의 뜻이니라"(살전 5:16).

날씨를 통해 하나님 아버지께서 나에게 주시는 깨달음을 깊이 묵상하며 걸었다. 고난의 의미를 깨닫고 나니 마음이 평안해졌다. 내 인생의 추위를 담담히 받아들이는 좀 더 큰마음이 생겼다. 추위라는 나의 삶의 어려움이 내 앞에서 당장 없어지지는 않았지만 고난을 바라보는 나의 시각이 변한 것이었다. 이내 나의 눈가에는 따뜻한 눈물 방울로 감싸졌고, 벅찬 마음으로 길을 걷고 있는 나에게 하나님 아버지께서 격려해 주셨다.

"근수야, 작은 추위 뒤에는 작은 감사가 있지만 큰 추위 뒤에는 큰 감사가 있단다."

추위의 의미

"주는 나의 하나님이시라 내가 주께 감사하리이다 주는 나의 하나님이시라 내가 주를 높이리이다"(시 118:28).

〈날 구원하신 주 감사〉

길 가의 장미꽃 감사 장미 꽃 가시 감사
아픔과 슬픔도 감사 하늘 평안을 감사
내일의 희망을 감사 영원토록 감사해

"아버지, 열심히 산다고 했지만, 여러 가지 어려움으로 많이 낙심되었습니다. 다른 사람보다 저에게 닥친 추위가 더 춥고 긴 것 같았습니다. 저의 관심은 문제라는 추위의 해결이었지만, 아버지의 관심은 추위를 통해서 저를 더욱 감사하는 사람으로 만드시는 것이라는 사실을 알았습니다. 해결되지 않은 문제들이 줄어들기를 바라는 것보다 하루하루를 더 감사하고픈 바람이 더 커져가길 원합니다."

크리스마스 선물

해마다 크리스마스가 다가오면, '뭐하며 심심하지 않게 보내지?' 라며 신경 쓰이는 날이 되었습니다. 제 개인적 즐거움보다 크리스마스의 주인공이신 예수님께서 기뻐하셔야 하는 날인 것을 알았습니다.

I

 나와 함께 교회 공동체 모임에 들어온 새 가족 동기들이 몇 명 있었다. 몇 년이 지난 후에 교회에서 서로 마주치자, 한 번 만남의 시간을 갖자는 말이 나왔다. 하지만 그간 다른 교회로 옮긴 사람도 있었고 시간도 좀 흘렀는지라, 전체 인원이 모이기가 쉽지 않았다. 그래서 약속을 미루다가 어차피 모이기로 말이 나왔으니 적은 인원이 모일지라도, 크리스마스이브에 성탄예배를 드리고 저녁 시간을 즐겁게 보내기로 했다.
 그런데 막상 당일이 되자 올 것 같이 분위기를 띄웠던 사람들이 다들 못 온다고 연락이 왔다. 그러다보니 올 수 있는

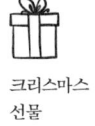

크리스마스 선물

사람은 나보다 몇 살 위인 자매 한 명뿐이었다. 책임감도 없고 약속도 안 지키는 사람들 때문에 나는 기분이 안 좋았다. 낮에 자매에게 전화를 해서 상황을 이야기하고 어떻게 할지를 물어보았다. 자매는 어차피 자기는 성탄예배에 참석할거니까 예배 후에 둘이라도 만나서 잠깐 차를 마시자고 하였다. 나도 이 모임 때문에 다른 사람들과 약속을 잡지 않았기에 그렇게 하기로 하였다.

저녁에 성탄축하 예배에 참석했다. 캐럴도 힘껏 부르고 헌금도 적은 액수였지만 기쁜 마음으로 다른 때보다 조금 더 했다. 1년에 한 번 있는 크리스마스에 예배를 드리니 마음이 즐거웠다. 예배를 마치고 교회 정문에서 많은 사람들이 빠져 나가기를 기다렸다. 그런데 한참이 지나도 그 자매는 나타나지 않았다.

'예배에 안 왔나? 낮에 온다고 확인 전화도 했었는데…'

나는 혹시 무슨 일이 있나 싶어서 전화를 했다.

"어디세요? 안 오세요?"

그러자 수화기에서 들리는 목소리는, 매우 발랄하던 평상시와 달리 매우 힘이 없었다.

"미처 연락드리지 못해 죄송해요. 저 지금 인천 집에 있어요."

"네? 무슨 소리에요?"

"오늘 크리스마스이브라고 일찍 근무가 끝나서 직원들과 볼링을 하다가, 볼링공을 발에 떨어뜨려서 다쳤어요. 병원에서 깁스를 하고 택시 타고 와서 지금 누워있던 중이었어요."

조금 전만 해도 성탄축하 예배로 인해 기분이 좋았는데, 한 순간에 감정이 바닥으로 떨어졌다.

'세상에 볼링을 하다가 깁스까지 하다니… 어째 이런 일이… 다른 사람들이 같이 놀자고 하는 것을 약속이 있다고 해서 안 갔는데 오늘 이게 무슨 꼴이람.'

그러나 나는 마음의 감정을 감춘 채, 아무렇지도 않은 듯이 말하였다.

"치료 잘하세요. 저는 괜찮아요."

그러고는 며칠 전에 나에게 여러 명이 같이 모여서 놀 거니까 오라고 했던 사람에게 전화해서 그곳으로 가도 되었지만, 기분이 안 좋아서 그냥 집으로 가기위해 지하철역으로

크리스마스
선물

향했다.

대한민국에서 제일 번화한 곳 중 하나인 서울 강남에, 때는 크리스마스이브인지라 몸이 서로 부딪힐 정도로 사람들은 파도치듯 몰려왔다. 성질이 난 내 얼굴과 정반대로 1년 중에 가장 기쁜 표정을 하고 있는 것 같은 사람들을 보고 있자니, 이내 내 마음은 하나님에게 삿대질을 하고 있었다.

조금 전만해도 성탄축하 예배 때 큰 목소리로 찬양도 하고 적은 금액이었지만 평소 주일예배 때보다 헌금도 더 했는데, 이런 나의 성의도 몰라주는 하나님 아버지가 원망스러워서 속으로 따졌다.

'예수님을 믿지 않는 사람들도 이렇게 크리스마스를 즐겁게 보내는데 하나님의 자녀인 제가, 오늘 이상한 관계의 사람을 만나는 것도 아닌데 약속도 취소되고 그나마 자매랑 잠깐 차 한 잔 마시려는데 그것도 안 도와주십니까?'

내 처지가 한심스러워 속으로 깊은 탄식이 저절로 나왔다. 다른 때였으면 그럴 수도 있는 일이었지만, 이날은 크리스마스이브인지라 상황이 달랐기 때문이었다. 그때 나에게 소리가 들렸다.

"내가 더 슬프다."

나는 예수님께서 말하신 음성임을 자동으로 느끼게 되었고, 그러는 동시에 거의 반사적으로 내 마음속으로 대화를 하게 되었다.

'예수님이 왜 슬프세요? 제가 슬픈데 지금 무슨 소리를 하시는 거예요?'

나는 정말 어이가 없었다.

'예수님이 왜 슬픈데요? 그래도 오늘 사람들이 예수님 앞에 많이 와서 예배드리며 찬양도 많이 부르고 헌금도 많이 했잖아요?'

다시 음성이 들려왔다.

"오늘이 무슨 날이냐?"

나는 마음속으로 짜증을 내며 말했다.

'무슨 날인지 모르셔서 그러세요? 크리스마스, 오늘 예수님 생일이잖아요.'

크리스마스 선물

그러자 다시 음성이 들렸다.

"그런데 내 생일에 네가 왜 슬퍼하니?"
'???'

나는 심술 맞은 얼굴을 하며 걸어가다가 정말 무엇으로 머리를 맞은 것 같이 깜짝 놀랐다. 생일의 주인공인 예수님의 기분과 입장은 전혀 개의치 않고, 크리스마스이브가 내가 즐겁게 보내야할, 마치 내 생일인 것 같은 착각을 했기 때문이었다. 크리스마스의 주인공은 우리가 아닌, 예수님이신 것이었다. 밀려오는 사람들과 어깨를 부딪치며 지하철역 쪽으로 가는데 다시 음성이 들렸다. 주변엔 사람들 소리와 음악 소리가 크게 들렸지만 자세히 들리는 음성이었다.

"많은 사람들이 오늘 내게 와서 찬양도 많이 하고 다른 때보다도 헌금도 더 얹어서 했지만, 내가 원하는 선물은 '회개한 심령'이다."

깜짝 놀라서 부끄러운 내 몸을 어찌할 줄 몰랐다. 우리가 다른 사람에게 한 선물이 그 사람에게 필요한 선물이 아닐 때에는, 선물 받은 사람의 기쁨이 덜 할 것이다. 나는 오늘이 마치 내 생일에 초대한 손님이 안 오고, 선물도 못 받은 것과 같은 심정으로 우울해 하였으나, 실은 예수님의 마음이 더 아프셨던 것이었다. 믿노라고 하지만 삶의 변화가 없는 형식적인 찬양과 헌금보다도, 아무것도 드릴 것이 없어도, 예수님을 진정으로 사모하며 깨끗한 심령으로 나아오는 것을 최고의 선물로 여기신 것이다.

걸어가는 내 눈에는 눈물이 흐르며 조금 전 나의 철없음으로 인해 극렬하게 원망했던 것에 대해 용서를 빌었다. 그리고 지금이라도 내 자신이 예수님께서 받으시기에 합당한 '크리스마스 선물'이 될 수 있기를 기도했다.

그날 만나기로 했었던 자매의 이해할 수 없는 사고로 벌어진 상황이었지만, 예수님께서는 이런 경우를 통해서도 '크리스마스의 주인'이 누구이심을, 크리스마스의 의미와 예수님께서 진정 바라시는 마음이 무엇인지를 알게 해주셨다.

지하철역에 다다랐을 즈음에 몇 년 동안 연락이 없었던 형제 두 명에게서 전화가 왔다. "그동안 연락이 없이 지냈는데 어떻게 이런 날에 나에게 연락하게 됐어요?"라고 내가 물었다. 그러자 그 두 형제도 의아한 듯한 말투로 말했다.

"그러게요. 웬일인지 우리 둘이 방금 이야기하는 중에 갑자기 근수 형제님이 생각이 나서 연락드리고 싶은 마음이 생겨서 전화했네요. 시간이 되면 만났으면 해요."

크리스마스 선물

멀지않은 거리에 있어서 금방 만났다. 예전에 참 열정적으로 같이 신앙생활을 하였던 형제들이라 아니나 다를까, 우리는 만나자마자 그동안 살아왔던 이야기와 하나님 아버지께로부터 은혜 받은 이야기보따리를 가득 풀게 되었다. 나는 아까 있었던 이야기를 해주었다. 두 형제는 그런 일이 있었냐며 놀라워하며 말했다.

"이런 날에 하나님께서 우리에게 의미 없이 놀며 다른 것을 하지 말고 함께 기도하며 크리스마스를 보내라고 근수 형제님을 생각나게 한 것 같아요."

몇 년 만에 만난 우리는 서로를 위해 축복하고 기도하며 신앙에 관한 이야기를 나누느라 밤을 새고 아침까지 귀한 시간을 보냈다. 그날 비록 내가 원했던 여러 사람들과 어울리며 흥겨운 시간을 보낸 것은 아니었지만, 은혜로 충만하였던 잊지 못할 특별한 크리스마스가 되었다. 진정으로 예수님이 원하시는 크리스마스의 선물은 '진실한 눈물로 예수님께 나오는 나'였음을…

"내가 구하는 것은 너희의 재물이 아니요 오직 너희니라"(고후 12:14).

"아버지, 어둠과 죄와 사망의 세상에 빛과 생명을 주시러 예수님께서 오심을 감사드립니다. 하지만 해마다 크리스마스가 다가오면, '뭐하며 심심하지 않게 보내지?'라며 신경쓰는 날이 되었습니다. 제 개인적인 즐거움보다 크리스마스의 주인공이신 예수님께서 기뻐하셔야 하는 날인 것을 알았습니다. 삶의 변화가 없는 형식적인 성탄절 예배참석보다도 제 자신이 예수님께서 기뻐 하시는 크리스마스 선물로 드려지고 싶습니다."

큰아빠

처음 하나님을 알았을 때는 민성이가 보는 사람마다 나를 자랑한
것처럼, 믿지 않는 주변 사람들에게 어떻게 하면 하나님을
알릴까하여, 기회가 될 때마다 하나님 아버지를 자랑하였었다.
그러나 지금은 전도란 단어도 내 생활과 어색한 느낌이 되었다.

I

고향에서 살고 있는 남동생의 아들인 조카 민성이가 6살 쯤 되었을 때에 있었던 이야기이다. 나를 '큰아빠'라고 부르는데, 큰아빠가 있다는 것이 무척 자랑스러운 모양이었다. 아빠 앞에 '큰'자가 붙으니 자기 아빠보다도 뭔가 대단한 존재로 나를 생각하는 것 같았다.

멀찌감치 놀고 있는 자기 동네 친구들을 발견하면 "야~" 하고 큰 소리를 친다. 그렇게 아이들의 시선을 집중시킨 후에는 나를 가리키며 "우리 큰아빠야!"라고 소리쳤다. 얼마나 자랑스럽게 소리치는지 아이들은 이구동성으로 말했다.

"민성이는 큰아빠가 있어서 좋겠다."

오래간만에 고향집에 간 어느 날이었다. 민성이가 동네 꼬마 친구 십여 명을 데리고 우르르 큰방으로 달려 들어왔다. 민성이는 누워서 TV를 보고 있는 나를 가리키며 자랑스러운 목소리로 크게 말했다.

"우리 큰아빠야!"

아이들이 일부러 들으라고 큰 소리로 나에게 아무 말이나 막하면서, 말할 때마다 '큰아빠'를 붙여댔다.

"큰아빠, 뭘 봐? 큰아빠, 재밌어? 큰아빠, 배 안고파? 큰아빠!"

이런 식으로 "큰아빠"를 앞뒤로 붙이며 계속 뭐라고 말하는 것을 보니, 친구들이 들으라고 하는 것 같았다. 민성이보다 더 어린 꼬마를 포함하여 동네 꼬마 아이들은 대부분 모인 것 같았고, 모두 서서 민성이와 나를 쳐다보고 있었다. 한 여자 꼬마 아이가 부러운 목소리로 간청하듯 말했다.

"민성아, 나도 큰아빠라고 한 번 불러보면 안 되니?"

큰아빠

그러자 민성이는 크게 선심을 쓴다는 표정과 말투로 말했다.

"그럼 한 번 해봐! 한 번 만이다."

자기 큰아빠니까 여러 번 부르지 말라는 의미였다. 나랑 상관없는 여자 아이가 나보고 큰아빠라고 부른다고 생각하니 어색하고 기분이 이상했다.

'어라 얘들 봐라! 자기들 맘대로... 뭐 하는 거야?'

여자 아이는 대단한 것을 하게 되어 기쁘다는 표정으로, 비스듬히 누워있는 내 곁에 조심스럽게 다가와서 귀에 대고 말했다.

"큰아빠~"

그리고는 자기도 부끄러운지 웃으면서 금방 돌아서 후다닥 뛰어갔다. 다른 동네 꼬마들도 같이 좋다고 웃으며 여자 아이를 따라 밖으로 뛰어나갔다. 얼마나 민성이가 자랑스럽게 말을 했으면, 아이들에게는 큰아빠라는 존재가 민성이네 집에만 있는 줄 착각한 것 같았다. 아이들이 간 후, 민성이가 내 손을 이끌고 밖으로 따라오라고 했다.

"어디 가려고?"

물어봤지만 민성이는 그냥 자기가 하라는 대로 하면 된다는 투로 말했다.

"그냥 따라오면 돼!"

내 손을 잡고 간 곳은 고향집 부근 햇볕이 잘 드는 곳에 동네 아주머니 몇 분이 모여 있는 곳이었다. 민성이는 일찌감치 앞에서부터 아주머니들이 들으라고 큰 소리로 "큰아빠, 큰아빠, 큰아빠"라고 구호를 외치듯 소리치며 지나갔다. 아주머니들은 눈치를 채고 웃으면서 말하셨다.

"와, 자기 큰아빠라고 자랑하는 것 봐라. 그 놈…"

민성이는 동네 아주머니들에게도 나를 자랑하고 싶었던 것이다. 그런 다음에 나의 손을 이끌고 계속 가기에 물어보았다.

"도대체 어디 가려고 하는데? 뭘 하려고?"

큰아빠

도착한 곳은 집에서 좀 떨어져 있는 문방구였다. 민성이는 문방구 출입문을 있는 힘을 다해 옆으로 소리 나게 열었다.

"쾅~"

나는 민성이가 과격하게 문을 열어서 주인에게 미안했다. 그 소리에 가게 안에서 점심을 먹던 아주머니는 놀래서 벌떡 일어섰다. 민성이는 있는 힘껏 큰 소리로 말했다.

"우리 큰아빠 왔어요. 큰아빠가 여기 있는 것 다 사줄 수 있어요."

순간 여러 생각이 머릿속으로 왔다 갔다 했다.

'얘가 이 아주머니에게 그 동안 무시당했나? 사고 싶은 것을 못 샀나?'

아주머니는 민성이의 갑작스런 행동에 당황스러워했지만, 아이들의 심정을 잘 아시기에 웃으시며 나에게 말했다.

"큰아빠 되시나 봐요?"

"네."

민성이는 조립 로봇, 탱크 박스들을 한 개 한 개 들어 보이며 큰 소리로 말했다.

"이거 얼마예요?"

아주머니가 일일이 가격을 알려주자, 선반 맨 위에 있는 커다란 장난감 박스들을 가리키며 말했다.

"저 위에 것도 꺼내 봐요!"

아주머니는 일일이 민성이가 가리키는 장난감 박스들을 의자를 갖고 올라가 내려놓고는 하나하나 먼지를 닦았다. 앞에 놓인 장난감들이 수북했다. 나는 아주머니에게 쑥스럽기도 하고 장난감 박스 하나가 몇 만원씩 했기에 '민성이가 오늘 장난감을 수십만 원 어치 사려고 하면 어쩌지?'하는 걱정도 들었다.

'만약 가격이 많아 내가 다 안 사준다면 큰 소리 친 민성이의 체면이 말이 아닐 텐데...'

큰아빠

민성이는 한참 이것저것 들었다 놨다하며 가격을 물어보고는 정작 고른 것은 평상시 사던 지렁이 모양 같이 생기고 여러 색소가 섞여 알록달록한, 비위생적으로 보이는 불량과자를 포함해서 만 원이 조금 넘게 샀다. 나는 안도의 한숨을 쉬었지만 아주머니에게 미안했다. 민성이는 집으로 돌아오는 길에 불량과자를 맛있게 먹으며, 내 손을 꼭 잡고 흔들고는 너무 신나게 흥얼거렸다. 나에게 무엇을 사달라고 문방구에 간 것도 있었겠지만, 평소에 자주 가던 문방구 아주머니에게 큰아빠를 자랑하고 싶었던 것이 더 큰 목적이었던 것 같았다. 가끔씩은 믿노라하지만 삶에서 하나님 아버지에 대한 감격이 줄어드는 것을 느낄 땐 스스로 이런 질문을 자주 해 본다.

'그때 민성이가 어린아이 같이 순수한 마음으로 나를 자랑스러워한 것처럼, 내가 하나님을 자랑스러워하고 당당해 하는가?'

처음엔 창조주 하나님, 구원의 하나님으로 나에게는 너무나 큰 하나님이었는데, 지금은 하나님을 내 앞에 놓인 삶의 문제를 빨리 해결해 주기를 바라는 '문제 해결사'로 축소시켜 버렸다. 그리고는 마음속으로 구한 것을 바로 해결 안 해주시는 것에 대한 섭섭함으로 가득찼다.

많이 실망할 때에는 하나님이 나의 아버지라는 느낌보다는 '전능하신 아저씨'로 거리감이 멀게 느껴질 때도 있다. 내 머리 속에서 지식적으로는 하나님이 크시지만, 삶의 중심에서 흔들리는 내 마음속에서 하나님은 갈수록 작아지고 멀어져 간다.

처음 하나님을 알았을 때는 민성이가 보는 사람마다 나를 자랑한 것처럼, 믿지 않는 주변 사람들에게 어떻게 하면 하나님을 알릴까하여, 기회가 될 때마다 하나님 아버지를 자랑하였다. 그러나 지금은 전도란 단어도 내 생활과 어색한 느낌이 되었다.

신문을 보니 어느 자동차 판매왕의 이야기가 있었다. 새벽에 음주운전 사고로 경찰서에 있다고 자동차를 팔았던 고객으로부터 연락이 왔다고 했다. 그래서 경찰서에서 고객과 같이 있게 되었는데, 그날 새벽 몇 시간 만에 근무하는 경찰들에게 자동차 3대를 팔았다고 한다. 그 자동차 영업인은 항상 마음이 자동차 판매에 집중되었기에, 어느 상황에서든 자신감 있게 자신의 본분에 충실하여 판매왕에 오를 수 있었던 것이었다. 신문을 읽다가 나의 현재의 모습과 비교가 되어 신선한 충격과 도전을 받았다.

'아! 나는 지금 무엇에 집중하고 있는가? 나도 어느 상황에서든 하나님을 전해야 되는데...'

　　믿음의 열기가 식어지고 복음에 대한 열정도 사라지고 하나님이 멀리 계신 것 같이 느껴질 땐, 민성이가 내 손을 잡고 큰아빠를 자랑스럽게 외쳤던 것처럼, 나도 다시 구원의 감격과 첫사랑을 회복하여 하나님 아버지를 자랑하며 외치고 싶다.

　　"하나님은 나의 아빠이시며 세상의 주인 되시는 위대한 '큰아빠'(Great Papa)이시다."

　　"너희가 아들이므로 하나님이 그 아들의 영을 우리 마음 가운데 보내사 아빠 아버지라 부르게 하셨느니라" **(갈 4:6)**.

　　"무릇 하나님의 영으로 인도함을 받는 사람은 곧 하나님의 아들이라" **(롬 8:14)**.

　　"아버지, 어찌 제가 하나님 아버지를 자랑하는 마음이 이 정도 밖에 안 될까요? 아버지로부터 받은 놀랄만한 은혜와 간증거리도 많은데, 아직도 이렇게 믿음이 작을까요? 삶의 염려로 제가 생각하는 하나님의 크기가 갈수록 작아져 갑니다. 부디 어린 아이가 부모를 의존하듯 순전한 마음으로 아빠 되신 하나님을 의지하고, 복음 전파에 열심을 갖고 그 위대하심을 자랑할 수 있도록 도와주세요."

행복의 무지개

단 일분 후에 일어날 일도 모르는 것이 우리네 인생이다. 살아가며 부딪히는 나의 부족한 한계들과 상황 앞에서 근심하며 우울해 하는 경우가 많다. 그럴 때 가끔씩 지난 날 민성이가 두 손에 천 원하고 만 원짜리 두 장을 들고, 방바닥을 뒹굴며 기뻐하던 모습을 떠올리며 생각을 가다듬는다.

―

저 산 너머, 또 너머 저 멀리에 모두들 행복이 있다 하기에 남을 따라 훌훌히 찾아갔건만, 다만 눈물을 흘리며 되돌아 왔네.
저 산 너머, 또 너머 저 멀리에 모두들 행복이 있다 하건만...

(Karl Busse)-저 산 너머

새해가 밝았다. 기대감과 설렘, 쉽지만은 않을 한 해에 대

행복의 무지개

한 조금의 두려움을 갖고 새해를 맞았다. 행복한 일들이 많이 생기길 바라는 나에게 하나님 아버지께서 오래 전에 지나간 일을 추억처럼 떠오르게 하셨다.

직장을 다니다가 어렸을 때부터 생각했던 사업을 하고 싶었다. 시간적, 물질적으로 여유로워져서 앞으로 더 편안한 삶을 살고 싶었고 한편으로는, 어려운 사람들도 돕고 봉사와 전도도 하고 싶은 생각에서였다.

그리하여 경험 없이 사업에 뛰어들었는데 그 해 우리나라가 외환위기(I. M. F)를 맞았다. 국가적인 경제 상황 및 나의 미숙함으로 인하여 사업을 시작한지 얼마 안 되어서 하던 일을 정리하게 되었다. 신앙생활도 나름대로 열심히 했다고 여겼는데, 현실로 닥쳐온 인생의 큰 시련 앞에서 어찌해야할 줄 몰랐다.

어려움 없이 살았던 지난날을 생각하며 그때처럼 행복해지기를 바라는 마음으로 고향집으로 향했다. 그 당시 조카에게 줄 선물도 살 형편이 안 되어서 빈손으로 갔다. 그러나 집에 들어서면 날 보고 반가워 달려들 조카 민성이를(당시 5살 정도) 생각하니 흐뭇하였다. 상황이 이렇게 된 나를 반겨줄 사람은 그나마 식구들 중에서도 나의 형편을 모르고 있는 어린 조카이기 때문이었다. 아무 연락도 없이 갔었는데 집에 도착하여 문을 여니, 민성이 혼자서 마치 나를 기다렸다는 듯이 문 앞에 서 있었다.

"들어와 봐!"

전에는 내가 오자마자 뭘 사왔냐고 물어봤었는데, 그날은 아무 소리 없이 급하게 옆방으로 가더니 나를 보고 조심스럽게 조용히 말했다.

"큰아빠, 나한테 천만 원 있어."

신빙성 없는 철부지 아이 말에 어이가 없었다.

"야, 네가 무슨 천만 원이 있다고 그래?"

민성이는 진짜라는 듯 눈을 크게 뜨고 당당하게 말했다.

"진짜라니까. 천만 원 있다니까."

나는 믿지도 않았지만 민성이의 엉뚱함을 꾸짖어 보려고 다그치듯 말했다.

"한 번 봐봐!"

민성이는 당연한 걸 안 믿어준다는 섭섭한 표정으로, 주

행복의 무지개

머니 양쪽에서 지폐 두 장을 꺼냈다. 한 손엔 만 원, 다른 한 손엔 천 원이 들려있었다. 나는 순간 조카가 셈을 못하는 지능이 낮은 아이 라는 생각이 들어서 덜컹 겁이 났다.

"그게 만천 원이지 어찌 천만 원이냐?"

조카는 나의 반응에 실망한 듯 다시 돈을 든 두 손을 보이며 큰 소리로 말했다.

"봐! 천 원하고 만 원하고 있으니 '천, 만 원'이지."

순간 나는 벼락을 맞은 듯 깜짝 놀랐다. 등 쪽으로 전기가 통하듯 찌릿하였다. 어떤 큰 깨달음이 있는 순간이었다. 민성이는 다행히 셈을 할 줄 몰라서 그런 것이 아니었다. 그것이 당연히 만천 원이라는 것은 다 아는 나이이다. 딱지나 팽이 몇 개를 사면 없어질 적은 금액이라는 것도 안다. 그러나 어린아이의 순수한 마음으로 순서를 바꾸어 생각해보니 '천, 만 원'이었다.

민성이는 집에 혼자 있다가 자기에게 있는 만천 원을 좋다고 쳐다보다보니, 불현듯 어떤 깨달음이(?)와서 자기한테 천만 원은 없지만, 돈의 순서를 바꿔보니 천만 원이란 큰돈을 가진 것처럼 생각되어서 뿌듯하고 행복했던 것이었다. 그래서 누군가에게 이야기하고 싶었으나 식구들이 집에 없는 차에 내가 마침 집에 들어서니, 빨리 자신이 느낀 그 큰 기쁨을 말해주고 싶었던 것이었다.

천 원하고 만 원 있으면 만천 원이지만 '천, 만 원' 이라고 부른들 어떠랴. 뭔가 큰 깨달음 앞에 당황하며 어벙하게 서있는 나를 보고 민성이가 갑자기 돈을 달라고 했다.

"너 돈 많잖아!"

방금 민성이의 당당한 행동에 내 눈에는 진짜 천만 원을 갖고 있는 사람처럼 잠시 착각이 되었다. 하지만 자꾸 떼를 써서 할 수 없이 오백 원만 준다고 했다. 그 당시 내 주머니엔 차비 몇 만 원 밖에 없어서 많이 줄 수도 없는 형편이었다.

"이게 뭐야!"

민성이가 실망한 듯 말했다. 큰아빠로서 많은 돈을 주지 못하는 내가 미안하고 부끄러웠다. 방금 크게 기뻐하였던 민성이를 금방 실망시킬, 이 당황스러운 상황을 변명내지는 모면할 말이 없어서 주저주저 하였다.

'하나님, 어떻게 해야 하나요?'

행복의
무지개

마음속으로 한숨 섞인 말이 흘렀다. 그 순간이었다. 나도 모르게 내 입이 열리며 뭔가를 선포하듯 큰 소리로 이렇게 말이 쑥 나왔다.

"오백 원하고 천 원하고 만 원하고 있으니 '오, 천, 만 원'이다!"

내가 생각해서 한 말도 아닌데 입이 벌려지며 이런 말이 갑자기 튀어 나와서 놀랐다. 민성이는 조금 전에 자기도 나에게 '천, 만 원'이라고 말한 것이 있어서 그런지, 웃으며 "에이~"하며 다행히 나에게 더 돈을 달라고 떼쓰지 않았다. 하나님 아버지께서 곤란한 상황에서 민성이도 실망시키지 않고, 나의 체면도 구겨지지 않을 지혜롭고 재치 있는 말을 순간적으로 하게 하셨던 것이다.

그러고는 민성이와 나는 그 순간 동화 속에 나오는 순수한 아이들처럼, 마치 오천만 원이 우리에게 있는 것 같이 부자가 된 양 기뻐했다. 민성이는 내가 주는 오백 원은 안 받고, 천 원하고 만 원짜리 돈 '천, 만 원'을 두 손에 높이 들고 방바닥을 뒹굴면서 기뻐하며 계속 외쳤다.

"나는 부자다~"

단 일분 후에 일어날 일도 모르는 것이 우리네 인생이다. 살아가며 부딪히는 나의 부족한 한계들과 상황 앞에서 근심하며 우울해 하는 경우가 많다. 그럴 때 가끔씩 지난 날 민성이가 두 손에 천 원하고 만 원짜리 두 장을 들고, 방바닥을 뒹굴며 기뻐하던 모습을 떠올리며 생각을 가다듬는다.

하나님 아버지께서는 5살짜리 어린 조카를 통해, 남들에게 신앙 경력과 많은 체험을 자랑하면서도, 현실 앞에서 고개 숙인 어리석은 나에게 이렇게 이야기하셨다.

"행복한 사람은 많이 가진 사람이 아니라 많이 감사하는 사람이란다."

금방 써버려 없어질 것 같은 만천 원 짜리 같은 자신을 또한 그런 현실을, 마치 '천, 만 원'을 소유한 것처럼 귀히 여기고 감사할 수 있는 사람이 행복한 사람이다. 우리가 찾고 싶고 기대하는 '행복의 무지개'는 감사하는 사람 속에 있는 것이다.

어렸을 때 무지개가 신비로워서 가까이 보려고 가다가 집도 멀어지고 지쳐서 아쉬운 마음에 돌아온 적이 여러 번 있었다. 무지개의 아름다움을 보고 좋아하지 않을 사람은 없다. 하지만 비가 오지 않고는 무지개를 볼 수 없다. 따라서

행복의
무지개

우리 인생에 원치 않는 비가 내릴 때, 하염없이 떨어지는 비만 바라볼 것이 아니라, 비가 그친 후에 펼쳐질 아름다운 무지개를 바라보아야 한다. 믿음의 눈으로 바라보면 비가 온다는 것은 무지개가 뜬다는 것과 같은 것이다. 그리고 눈에 보이는 무지개보다 더 아름다운 것은 우리 마음에 피어나는 '감사의 무지개'이다.

"감사로 제사를 드리는 자가 나를 영화롭게 하나니 그의 행위를 옳게 하는 자에게 내가 하나님의 구원을 보이리라"(시 50:23).

"아버지, 저의 소유물이 많고 적음에 따라 감사가 많아지고 적어지지 않게 하시고, 어떤 상황과 환경에서도 감사함을 잊지 않게 해주세요. 불평, 불만족이 떠나게 하시고 제 마음속엔 항상 아름다운 감사의 무지개가 뜨길 원합니다."

흰머리

젊어도 마음은 늙은이가 있는 반면에 늙어도 마음은 젊은이가 있다. 나도 할아버지 찬양단처럼 나이 90세가 되어서도 열정을 가지고 항상 하나님 아버지 앞에서 감사와 기쁨으로 찬양하며 살고 싶다.

l

　교회 모임에서 한 달에 한 번 방문하는 소년원에 예배를 드리기 위해서 갔다. 예배실의 한 쪽 편에서는 옷을 똑같이 입은 할아버지 열다섯 분쯤이 미리 앉아 계셨다. 할아버지들의 나이가 워낙 많아 보여서 무엇을 하러 오셨는지 궁금했다.
　나는 주로 예배실 뒤쪽에 앉는데 그날따라 같이 간 사람들이 앞자리에 앉기 싫어해서, 맨 앞쪽 바닥에 앉게 되었다. 특송 시간이 되자 그 분들이 앞으로 줄지어 나오셨다. 소년원에 합창을 하러 오신 것이다. 나는 바로 앞자리에서 연세가 많으신 데도 큰 소리로 찬양하시는 할아버지들을 머리부

흰머리

터 옷차림, 양말까지 찬찬히 훑어보았다. 그러다 갑자기 마음이 우울해졌다.

'아! 나도 나중엔 저렇게 머리가 희어지며 늙어 가겠구나!'

나이를 먹어가는 지금의 모습도 낯선데 젊음이 사라진, 노년에 변해 있을 모습이 상상되었기 때문이었다. 하지만 그 순간 뭔가 강하게 나의 손을 들어 메모지에 글을 적게 하였다. 아무 생각도 없이 내 손이 이끄는 대로 막 적게 되었다. 휘날리듯 쓴 글씨를 찬찬히 보니 다음과 같은 내용이었다.

"네 머리의 흰머리 보다 더 걱정해야 할 것은 네 마음의 흰머리이다."

가슴이 울컥거리면서 눈물이 한 순간에 주르륵 흘러내렸다. 하나님 아버지께서 한 살 한 살 육체의 나이가 들어감에 따라 위축되어 가는 나의 마음이 더 늙어가고 있는 것을 안타까워하신 것이었다.

찬양을 여러 곡 부르셨는데 순서 중간에 단원 중에서 총무 되시는 분이 할아버지 중창단의 평균나이는 77세라고 했다. 제일 많으신 분은 85세였고 70대 초반은 그 중 막내뻘이라고 했다. 이분들의 소망은 90세가 될 때까지 하나님을 찬양하는 중창단이 되는 것이라고 하시며, 공연을 몇 번 더 하면 500회가 된다고 했다. 연세가 많으신 분들인데 그동안의 활동이 대단하게 느껴졌다. 단체로 함께 오신 것도 아니고 각자 집에서 개인적으로 지하철이나 버스를 타고 이곳으로 모인 것이라고 했다.

할아버지들이 찬양하는 동안 나는 고개를 들지 못하고 눈물을 흘렸다. 내 앞에는 마치 지금 열다섯 여명의 젊은 청년들이 서 있는 것 같았다. 이분들보다 나는 젊지 않은 것 같았고 내 마음이 오히려 더 늙은 것 같았다.

하나님께서는 그날 할아버지 중창단을 통해서 위축되어 있던 나를 일깨워주셨다. 나이가 많은데도 마치 청년처럼 열정적으로 찬양하는 모습을 보면서, '우리의 인생의 목적은 단지 행복하게 오래 사는 것이 아닌, 얼마나 아이처럼 기쁘게 하나님을 찬양하며 사는가?'에 달려 있다고 생각했다.

젊어도 마음은 늙은이가 있는 반면에 늙어도 마음은 젊은이가 있다. 나도 할아버지 찬양단처럼 나이 90세가 되어서도 열정을 가지고, 항상 하나님 아버지 앞에서 감사와 기쁨으로 찬양하며 살고 싶다.

"나이는 먹는 것이 아니고 좋은 포도주처럼 익어가는 것이다"라고 누군가가 긍정적인 시각에서 이야기를 하였다. 나이가 더해갈수록 하나님과 사람 앞에 더 겸손하고 성숙해지

흰머리

길 원한다. 단지 어쩔 수 없이 늙어가는 것이 아니라, 시간이 지날수록 좋은 맛과 향기를 내는 사람으로 하루하루 익어가길 원한다. 세상의 것만 바라보며 사는 사람은 늙어가는 사람이지만, 하늘나라에 소망을 두고 날마다 하나님께 다가가는 사람은 아름답게 익어가는 사람이다.

"오직 여호와를 앙망하는 자는 새 힘을 얻으리니 독수리가 날개 치며 올라감 같을 것이요 달음박질하여도 곤비하지 아니하겠고 걸어가도 피곤하지 아니하리로다"(사 40:31).

"그러므로 우리가 낙심하지 아니하노니 우리의 겉사람은 낡아지나 우리의 속사람은 날로 새로워지는도다"(고후 4:16).

"아버지, 제가 나이가 들어감에 따라 삶에 의욕이 자꾸만 떨어져갑니다. 주변 사람들에게 복음 전하는 것도 봉사하는 것도 점점 귀찮아졌습니다. 이때까지 세상에 태어나서 내세울만한 것도 없고, 별 볼일 없이 산 것 같아서 제 인생이 초라해 보였습니다.
하지만 이제는 흘러가는 세월의 파도에 이끌려서 기력도 없이 떠내려가는 인생으로 살지 않게 하시고, 다시 새롭게 하나님 나라를 위한 열정을 갖게 해 주세요. 나이 들수록 더 하나님 아버지께 쓰임 받기를 간절히 원합니다. 나이 들수록 방바닥에 누워있는 시간보다, 일어나 아버지를 기쁨으로 찬양하는 시간이 더 많게 해주세요."

하나님은 나의 아버지이시다

하나님께서는 모든 인간에게 생명을 주고 낳으신 참 아버지이시다. 하나님이 나의 아버지라는 것에 나는 너무나 감격스럽다. 육신의 부모는 이 세상에서 몇십 년을 같이 살지 못하지만, 내가 어렸을 때부터 그렇게 소망했던 죽지도 않으시고 자녀인 나와 함께 영원히 살아갈, 참 아버지가 하나님이시기 때문이다.

|

함경남도 함흥시가 고향인, 아버지가 고등학생 때에 6.25 전쟁이 일어났다. 그러다보니 가족들이 모두 한꺼번에 삶의 터전을 버리고 갑자기 피난을 가기가 어려웠다. 공산당의 만행을 피해서 우선 아버지가 먼저 며칠 정도 피신해 있다가, 주변이 안정이 되면 다시 가족들과 만나기로 하였다. 그러나 상황이 여의치 않아서 어쩔 수 없이 홀로 남한으로 피난을 오시게 되었다. 그 후 대한민국 해병대에 자원 입대하셔서 공산군과 싸우셨다. 휴전(休戰)이 되어 남과 북으로 나눠지는 바람에 북한에 있는 부모 형제와 이별하게 되었다.

이렇게 아버지는 이산가족이 되셨고 가족 생각과 남한에 친척이 없는 관계로 많이 외로워하셨다. 이로 인해 우리가족은 하나가 되어야 함을 인식하여 서로를 위하며 다정하게 살았다. 좋으신 부모님의 영향으로 어렸을 때 나는 참 순수함을 갖고 살았던 것 같다. 하지만 순수함이 지나쳐서 그런지 내가 원하지 않는 몇 가지 인생의 중요한 것에 대하여, 세상의 법칙대로 무작정 받아드리고 순응하며 살고 싶지 않았다. 어릴 적부터 나에겐 세 가지 신념(고집)이 있었다.

하나, 나는 군대를 가지 않을 것이다(억지로 가기 싫다).
둘, 나는 25살 이상 나이를 먹지 않을 것이다(늙기 싫다).
셋, 나는 죽지 않을 것이다(죽기 싫다).

그러나 버티다가 대학을 졸업하고 군대를 가게 되었고, 25살이 넘어가면서 나는 당황하기 시작했다. 내가 신념처럼 생각했었던 3개중 2개가 무너지니, 나머지 하나(**나는 죽지 않을 것이다**)도 잘못된 것이었음을 인정할 수밖에 없었다.

'그렇다면 나는 정녕 죽을 수밖에 없단 말인가? 내가 죽는 것이 당연하다면 부모님도 죽는다는 말이고, 언젠가 부모님과도 이별을 해야 한다니...'

하나님은
나의 아버지
이시다

생각할수록 기가 막히고 어이가 없었다. 내가 죽음에 대해서 25살이란 나이가 될 때까지 마음에 받아들이려 하지 않았던 것은 이러한 이유 때문이다. 주위에 이웃 사람들이나 친구들의 부모님이 죽는 것은 보았지만, 나와는 상관없는 것으로 여겼다. 부모님께서 자녀들에게 너무 헌신적으로 잘해주셨기에 어렸을 때부터 감동을 받았다. 그래서 우리 가족끼리는 헤어지지 않고 계속 살고 싶었기 때문이었다.

하지만 그럴 수가 없기에 나는 언젠가 부모님이 돌아가시면 같이 죽으려고 했었다. 부모님이 없는 나는 존재할 이유가 없었고 상상할 수도 없었다. 그러기에 죽음이라는 사실을 인정하면 그때부터 어린 나이에 슬픔을 미리 감당하기 어려워서, 억지 부리듯이 마음으로 받아드리려고 하지 않았다.

그렇게 고집을 부리며 신념처럼 죽음을 거부했던 내가 죽음이 있다는 것과 언젠가는 사랑하는 부모님과 헤어져야한다는 세상의 현실을 받아들여만 했다. 그러자 나에게는 죽은 후에 세상이 반드시 있어야만 했다. 죽은 후에라도 우리 가족은 함께 영원히 살아야만 했기 때문이었다. 세상에 태어나서 고생만 실컷 하다가 사람이 죽어서 없어진다면, 산다는 것은 아무 의미가 없는 '불쌍한 짓'이라고 생각되었다.

죽은 후에 세상이 혹시라도 있다면, 부모님이 돌아가시기 전까지 내가 정확하게 알아서 가족들에게 알려주어야겠다고 생각했다. 우리 아버지처럼 살아있어도 북한에 있는 가족들과 못 만나는 이산가족 처지가 되면 안 되기 때문이었다.

그때부터 나는 죽은 후의 세계에 대해서 관심을 갖기 시작했다. 심령, 무당, 점(点), 도(道), 기타 종교 등에 관심을 갖게 되고, 책을 사본다거나 직접 찾아가서 체험하였다. 그러다보니 그들로부터 지금까지 전혀 알지 못했던 놀랍고 신비한 체험도 많이 하게 되었다. 그들이 주장하는 내용은 서로 똑 같지는 않으나 영혼, 신(神), 사후(死後) 세계에 대해 이야기하는 공통점이 있었다.

어느 날, 교회에 다니시는 주인집 아주머니가 나의 결혼을 위해 몇 명의 여성을 소개를 시켜주셨는데, 모두 예수 믿는 사람들이었다. 얼굴도 내 맘에 들지 않는데다가 '예수쟁이'라는 선입견으로 보니, 어디 미쳐서 정신이 나간 것 같이 느껴져서 모두 싫다고 했다. 주인집 아주머니는 동네의 반장이었는데 성격도 좋으시고 사람들에게 잘 해 주셔서, 아주머니를 통해 교회에 다니게 된 동네 아주머니들이 몇 명 생겼다. 그러다보니 이런 생각을 하게 되었다.

'혹시 내가 나중에 아무것도 안 믿는 여자와 결혼하였는데, 후에 아내가 동네 아주머니들의 꼬임에 빠져서 교회에 다니게 된다면… 그래서 밥을 먹을 때마다 하나님이라는 존재하지 않는 신에게 먹을 것을 주었다고 감사기도를 한다면… 그리고 귀신에 홀린 사람처럼 컴컴한 새벽에 잠을 자다가 일

어나서 홀연히 새벽기도를 하러 교회에 간다면...'

하나님은
나의 아버지
이시다

생각할수록 끔찍하였다. 고민 끝에 만약에 이런 경우가 생기게 되면, '예수쟁이' 미친 여자하고는 이혼하는 수밖에 없다고 판단하니 심각해졌다. 더구나 '우리 부모형제들이나 향후 나의 자녀가 혹시 교회에 다니게 되면 어떻게 하지?'라고 상상을 해보았다. 가족과 자녀들이 잘못된 길로 빠지면 안 되기에, 너무나 사랑하는 나머지 이런 결론에 도달하였다.

'미쳐서 교회에 다니게 하는 것보다 차라리 다리를 부러뜨려서 못 다니게 하는 것이 낫겠다.'

내 성격이 과격하지 않고 온순한데도 이런 생각을 할 정도로 교회나 다른 종교, 미신 등을 믿는 것을 싫어했다. 그래서 아직 배우자가 누가 될지는 모르지만 내가 결혼하기 전, 시간이 있을 때에 교회에 가서 교회의 잘못된 것을 알아야겠다고 생각했다.

그래야 나중에 이것이 잘못됐다고 콕 집어내면 꼼짝 못하고 못 다니게 할 수 있기 때문이었다. 그래서 적진에 뛰어들듯이 주인집 아주머니를 따라서 스파이가 잠입하듯 정탐하러 가기로 했다. 이 세상 모든 사람들이 교회에 다녀도 나 혼자만은 절대 안 다닐 것이라고 확신을 했다. 왜냐하면 나는 '미친 사람'이 아니었기 때문이다. 예배 후 집으로 돌아오는 시간에는, 그날 예배 때에 설교한 내용을 다시 말하며, 주인집 아주머니를 교회에 못 가게 역으로 전도했다.

"용꿈을 꾸면 좋다고 하는데 교회에서는 용이 나쁘다고 하고, 죽은 조상들을 무시하고… 하나님이 부인도 없이 예수라는 아들하고 둘이 청승맞게 하늘에서 무슨 재미로 살아요? 이런 이야기를 누가 처음부터 허술하게 지어냈는지 모르겠지만 어떻게 이런 걸 믿어요?"

아주머니는 어이가 없어 하면서도 나의 말에 일일이 다 설명하기도 어려워하셨다. 설명을 해도 내가 말도 안 된다며 받아드리려 하지 않았다. 그때 갔던 교회는 출석 교인이 천여 명 정도 되었다. 오래 다닐 것이 아니고 빠른 시간 내에 교회에서 뭐라고 거짓말을 하는지 알아봐야 하기에, 주일 오전, 오후, 수요일, 목요일 모든 예배에 다 참석했다. 교회에서 말도 안 되는 이야기를 듣는 것과 큰 소리로 기도하며 박수치며 찬양하는 소리를 들어야하고 '정신이 나간 사람'들과 함께 앉아 있는 것이 여간 고통스러운 것이 아니었다.

이렇게 교회의 잘못된 이론을 찾아내려고 열심히 연구하러 다니는 내막도 모르고, 몇 달이 안 되어서 교회 내에서 내가 믿음이 엄청 좋은 청년으로 소문이 났다. 나에게 부목사님께서 주보에 실을 간증문을 써달라고 하고 주보 기자들도 나에게 간증문 섭외를 할 정도였다.

하나님은
나의 아버지
이시다

어느 날 수요예배의 마지막 기도하는 시간에 목사님 입에서 이상한 말이 나왔다. 교인들이 말하는 '방언'인 것 같았다. 동시에 내 입에서도 혀가 꼬이며 이상한 말들이 나오기 시작했다. 입에서 내 의지와는 상관없이 나오는, 지금까지 전혀 듣지 못한 외계인 언어 같은 괴이한 말이 술술 나와 놀라서 입을 억지로 꾹 닫았다.

'이거 뭐야? 안 되겠다. 정신을 차리자!'

단단히 정신을 차리지 않으면 나도 모르게 서서히 이들처럼 미쳐갈 수도 있을 것 같았다. 이상하게 오염될 수도 있을 것 같아서 잔뜩 경계하며 긴장하였다.

세상 사람들이 너무 불쌍했다. 기독교, 불교, 천주교, 다른 종교 등 세상에 있는 모든 종교인을 다 합치면 인구의 절반쯤은 될 텐데, 이들 모두가 정신 이상자라고 생각하니 오히려 '신'(神)이라는 분이 있었으면 좋겠다는 생각이 들었다. 만약 없다면 이 많은 불쌍한 사람들이 계속해서 이런 것들을 반복적으로 믿고, 세상에 태어나서 미친 짓만 하다가 의미 없이 죽는다고 여겨졌기 때문이다. 그러던 어느 날, 길거리에서 포교하는 대순진리회 사람을 만나자 나는 이것도 궁금했다.

"당신들이 말하는 것이 무엇인지 알아봅시다."

이렇게 교회뿐만 아니라 이상한 종교도 동시에 연구하러 다녔기에, 어떤 때에는 새벽에 집에 와서 몇 시간만 자고 출근한 경우도 있었다. 모든 것이 혼란스러워서 손이 떨릴 정도로 술을 마셔댔다. 아버지가 몸이 편찮으셔서 돌아가시기 전에 정확한 진리를 말하는 곳을 알아야 했기에 나는 조급했다.

각자의 종교나 미신 등이 자기들 나름대로의 서로 다른 이야기를 하기에, 아무 것도 아닌 보잘 것 없는 내가 어느 것이 맞는지 진리를 판별한다는 것은 너무 고통스러웠다. 회사에서 동료들의 얼굴을 보니 아무것도 고민하지 않고 편안한 모습과, 나의 혼돈스러워 하는 모습이 비교가 되었다.

교회에서 말하는 것 중에서 다른 것은 그렇다 치고 예수님이 우리의 죄를 용서하기 위하여 왜 십자가에서 죽으셨는지 도저히 이해가 안 되었다. 하나님의 아들이라는 분이 왜 아무 힘도 못쓰고 처량하게 죽었어야만 했고, 내 뜻과는 상관없이 아주 오래전에 자기 맘대로 하고 그 사실을 믿어야 한다니 황당했다.

'나한테 승낙 받은 일 없이 자기 맘대로 누가 그렇게 하라고 했나? 더구나 보지도 않은 사실을 안 믿는 사람은 영원한 지옥이라니...'

하나님은
나의 아버지
이시다

그렇게 고민하던 중에 갑자기 번쩍하며, 오래전에 있었던 일이 떠올랐다. 중학생 때 더운 날씨에 밖에 나가려다가 갑자기 더위를 먹었었다. 순간적으로 열이 펄펄 나서 방에 누워서 끙끙 앓고 있었다. 낮에 평소 회사에 계셨어야 할 아버지는 어쩐 일이신지 일찍 집에 오셨는데 술을 드시고 오셨다. 그리고 누워있는 나를 보고 안타깝게 말하셨다.

"많이 아프냐? 네가 죽으면 나도 죽는다."

나는 아버지가 하시는 말씀의 의미는 알겠지만 집안의 가장으로서 든든한 모습을 보이셔야 하는데, 죽을 병도 아닌 것 갖고 같이 죽는다는 둥 자녀에게 약한 말을 하시기에 화가 났다. 그래서 별안간에 나도 모르게 소리를 질렀다.

"죽긴 누가 죽는다고 그래요? 노망이 들어서 낮부터 술을 먹고 와서..."

평소에 조용하고 부모님에게 착한 나의 입에서 나올 말이 아니었다. 당시 중학생이었던 내가 생각해도 지나치다 할 정도로 버릇없이 한 말이어서 당황스러웠다.

"다 너를 위해 하는 말인데 어린놈이 아버지한테 노망이라고 하느냐?"

어머니는 내가 하는 말에 매우 화를 내셨고, 아버지께 잘못했다고 말하라고 하셨다. 나의 예상치 못한 격한 표현에 아버지는, 당신의 마음을 몰라준 것에 크게 실망하신 표정으로, 힘없이 안방으로 들어가셨다.

중학생 때 있었던 이 일이 갑자기 떠오르자, 순간 내 마음에 무엇이 확 들어오듯 '믿음'이 생기고 이해가 되었다. 당신이 낳은, 사랑하는 자녀가 단지 더위를 먹어서 아파하는 것을 보고도, 아버지께서는 그 고통을 볼 수 없어서 대신 죽고 싶다고 이야기하셨다. 육신의 부모도 자녀를 이토록 사랑하는데, 하물며 죄로 인해 지옥의 고통에서 영원히 멸망을 당해야 할 인간들을 위해 하나님은 예수님을 통하여, 십자가에서 우리의 모든 죄를 대신 감당케 하셨다는 것이 확실하게 믿어지게 되었다.

'사랑의 최고의 표현은 그 사람 대신 죽어주는 것'이라는 것을 깨달았다. 자식 대신 죽어줄 수 있는 분은 부모 외에는 없으므로, 하나님은 인간을 만드신 창조자이시며 영원한 나의 아버지가 되심을 알게 되었다. 하나님께서 육신의 아버지의 마음을 통하여 하나님 아버지의 마음을 이해시켜 주셨다. 이것으로 인해 하나님의 존재에 대하여 의심하였던 나에게 확실히 '믿음'이 생겼다.

"내가 하나님을 찾으려고 얼마나 고생한줄 아세요?"

나는 감격과 그간 냉정한 세상의 진리에 홀로 부인하며 죽은 후 영혼의 세계를 찾아서 헤매었던, 무섭고 힘들었던 지난 시간들이 생각나서 콧물을 주렁주렁 흘리며 엉엉 울었다. 그러나 나중에 깨달은 것은 내가 노력해서 하나님을 찾은 것이 아니고 하나님 아버지께서 은혜로 나를 만나주셨다는 것이다. 이렇게 교회의 모순을 찾으려고 했던 내가 오히려 가족들 중에서 먼저 예수님을 믿게 되는 '인생 대반전'이 일어났다.

아주 오래전에 있었던 또 하나의 일이 생각났다. 초등학교 6학년 때 친구 몇 명이 동네 교회에 다녔다. 그 당시에는 마땅히 놀 거리도 없었는데 마침, 그 교회에 탁구대가 있었다. 탁구가 재미있었다. 그래서 그 친구들과 탁구하며 놀기 위해서는 교회에 다녀야만 했다. 교회에 다니지 않으면 몇 살 더 많은 교회 형들이 탁구를 못하게 방해했기 때문이었다. 그래서 할 수 없이 교회를 다녔고 교회가 나에게는 친구들과 어울리는 놀이터가 되었다.

어느 날 어머니가 외출하고 집에 오신 후에 나에게 짜증을 내셨다. 어머니께서 집안의 일로 점을 치러 갔는데, 방문을 열고 앉기도 전에 점쟁이가 큰 소리를 치며 화를 냈다고 하셨다.

"큰 놈이(당시 초등학생이었던 나) 예수쟁이라서 점이 안 나와. 집에 성경책이 있는 것이 보이니 당장 나가!"

어머니는 점을 잘 치는 용하다는 점쟁이를 찾아갔다가 생각지도 않게 나 때문에 무안을 당하고, 걱정되는 집안의 일도 점을 치지 못하고 오셨기에 화가 나셨다. 지금도 그렇지만 사람들이 '예수쟁이'라고 하면 정신이 나간 미친 사람으로 취급했기에, 어머니를 안심시키기 위해서 말했다.

"나는 예수 안 믿어요. 나는 교회 사람들처럼 안 미쳤어요. 그냥 놀러 다니는 거예요."

그리고 앞으로 교회를 다니지 말라는 어머니의 말씀에 걱정하실까봐 알았다고 했다. 점쟁이가 나를 보지도 않고 내가 교회 다니는지를 어떻게 알았는지 그저 신기하기만 했다. 또한 집안의 문제로 어머니가 점을 보러 가셨는데, 어린 나 때문에 점쟁이가 점이 안 나온다고 당장 나가라고 소리친 것이 의아하기도 했다. 그래서 초등학생 때 1년쯤 다니고 그 후론 아예 교회에 가지 않았다.

무당이나 점쟁이는 귀신이라는 악한 영(靈)에 속아서, 귀신을 자신의 주인으로 섬기며 귀신이 알려주는 것을 말하게 된다. 그날 어머니가 점쟁이 집의 방문을 열자마자, 비록 믿음이 무엇인지도 잘 모르는 어린 나였지만, 나와 함께하시는 하나님으로 인해 귀신이 떨며 놀라서 소리친 것이 아닌가 생각된다.

"어느 날 우리가 기도하는 곳으로 가다가 귀신 들려 점을 치는 여종 한 사람을 만났는데 그는 점을 쳐서 주인들에게 큰 돈벌이를 해주는 여자였다" (행 16:16).

이렇듯 수십 년 전의 초등학생 때의 일을 통해, 하나님께서는 그동안 나를 떠나지 않으시고 함께 하시며, 보이지 않은 손길로 인도해 주셨음에 놀랍고 감격스러웠다. 그 후 몇 년이 지나서 믿음이 차츰 성장하던 어느 날 아침이었다. 출근 전에 큰누나로부터 전화가 왔다.

"근수야, 놀라지 말고 잘 들어. 아버지가 갑자기 쓰러져서 병원에 입원하셨는데 3개월밖에 못 사신대."

순간 온 몸이 정지된 느낌이었다. 내 인생에 받아들이기 어려웠던, 어렸을 때부터 혼자 힘들게 고민하였던 가족의 죽음이란 것을 처음 맞게 되는 최고 어려운 상황이 드디어 찾아온 것이었다.

하나님은 나의 아버지 이시다

'나에게, 우리 식구에게 죽음이 드디어 왔구나!'

전화는 끊겼으나 수화기를 내려놓지도 못하고 귀에 댄 채 어찌할지 모를 충격으로 멍하니 있었다. 그 순간이었다. 글씨가 적힌 작은 메모지가 하늘에서 팔랑팔랑 거리며 내려오더니 오른쪽 내 머릿속으로 쏙 들어왔다. 내가 정면을 보고 있고 고개를 들지 않았는데도, 신기하게도 위에서 날아 오는 메모지와 그 속에 적힌 다섯 글자가 보였다.

'고난이 축복'

메모지가 내 머리로 쏙 들어오는 동시에 절망이었던 내 마음이, 내 몸 전체가 순간 이상하다 싶게 기쁨으로 가득 넘쳤다. 풍선에 바람을 넣어 부풀게 한 것처럼 내 마음이 기쁨으로 떠오르듯 부풀었다. 하나님께서 나에게 위로를 하시려고 환상으로 보여주시고 말씀을 주신 것이었다. 그러면서 동시에 '지금 이 고난은 우리 아버지가 구원받을 최고의 기회다'라는 믿음이 생겼다. 인간의 절망은 하나님의 시작이기에… 나는 전화기를 내려놓고 아침 식사를 준비하고 계신 주인집 아주머니께 말했다.

"아주머니, 우리 아버지가 암에 걸리셨는데요, 곧 돌아가

신데요."

그러자 아주머니는 소스라치듯 놀라며 물었다,

"그런데 얼굴은 왜 웃고 계세요?"

미소를 띤 나의 얼굴을 보고 놀라시면서, 내가 충격을 받아서 정신이 좀 이상해진 것이 아닌가 생각하시는 것 같았다.

"아버지가 쓰러지셨으니까 전도할 최고의 기회잖아요. '고난이 축복'이니 아버지가 구원 받을 최고의 기회죠."

아주머니는 교회를 다닌 지 얼마 안 되는 내가 이런 말을 하자 무척 놀라워하셨다.

"믿음이 대단하시네요!"

믿음이 대단한 것이 아니었고 하나님 아버지께서 나에게 말씀으로 강하게 확신을 주셨기 때문이었다. 아버지가 구원 받을 수 있다는 확신을 갖은 나는, 어린아이가 먹을 것을 입에 물고 즐겁게 발걸음을 하듯, 그 큰 기쁨에 나의 발걸음이 땅에 붙지 않고 떠다니는 기분으로 다녔다. 이상하다 싶을 정

하나님은
나의 아버지
이시다

도로, 아버지가 이렇게 되셨다는 말을 듣기 전보다 더 기쁨이 가득했다. 왜냐하면 어릴 때부터 생각했었던 우리 가족이 죽어서도 이산가족이 되지 않고 이제 영원히 함께 살 수 있기 때문이었다.

아버지가 놀라실까봐 의사와 우리 가족은, 아버지에게 병명을 알려주지 않았다. 병명을 절대 알려주지 말라고 신신당부하는 어머니의 부탁에도 불구하고, 나는 가족들이 잠시 자리를 비운 틈을 타서 몰래 아버지의 병명과 생명이 얼마 남지 않았음을 일부러 알렸다. 말이 3개월 시한부 기간이지 그 전에 언제 돌아가실지 모르고, 퇴원하여 고향으로 가시면 언제 다시 볼지 모르기 때문이었다.

아버지에게 이런 이야기를 하여 절망을 준다는 것이 자식으로서 많이 힘들고 괴로웠다. 하지만 하나님 아버지께서 그 당시 나에게 '인간의 절망은 하나님의 시작'이라는 말씀을 또 주셨기에, 나는 아버지에게서 인간적인 의지를 버리게 하고, 절실하게 하나님을 만나게 할 최고의 기회라고 생각하였던 것이다.

아버지는 그 전까지만 해도 조금 있으면 퇴원할 줄 알았는데, 전혀 예상치 않았던 죽음이란 말을 듣자 갑자기 크게 낙심해하며, 삶의 의지가 한꺼번에 꺾이는 듯 하셨다. 허탈한 마음에서인지, 이런 말을 하는 내가 섭섭해서였는지, 나에게서 얼굴을 돌리시고 갑자기 축 처진 몸을 옆으로 향하셨다. 나는 낙심되어 있는 아버지에게 소망을 심어 드려야했기에 지금까지 있었던 일을 말씀드렸다.

"아버지, 저는 교회에 다니지만 정신이 미치지 않았어요. 제가 교회에 다닌 이유가 부모님을 너무 사랑하기에, 부모님이 돌아가신 후에도 영원히 같이 살고 싶어서 다녔던 거예요. 아버지처럼 좋으신 분이 세상에 태어나서 고생만 하다가 죽어서 끝나버리면 이게 말이 되요? 그간 죽은 후의 세상이 있는지 힘들게 찾아다녔고, 마침내 죽은 후의 세상이 있고 하나님이 계시고 천국이 있다는 것을 알게 되었어요. 아버지는 피난 오셔서 이산가족이 되었지만, 우리 가족은 이제 죽은 후에도 헤어지지 않고 다 같이 만나서 살 수 있어요. 예수님을 믿고 같이 하늘나라에서 살아요. 죽는 것이 끝이 아니에요. 하나님이 우리 모두를 만드신 참 아버지이시기에, 천국에서 하나님 아버지와 함께 사는 거예요. 아버지가 먼저 가셔서 저와 우리 가족을 기다리시면 돼요. 아버지, 죽음을 겁내지 마세요. 아버지가 병을 고치셔서 몇 년을 더 사신다고 해도, 결국은 사람은 죽게 되어 있어요. 몇 년을 더 사는 것도 중요하지만, 죽어서 천국에 가는 것이 더 중요한 것이에요."

그리고 마지막으로 아주 어렸을 때 말고, 다 큰 후에는 아버지에게 하지 못했던 말을 용기를 내어서 말했다.

하나님은
나의 아버지
이시다

"아버지 사랑해요."

전과 같이 아프다가 회복되어 곧 퇴원 할 것을 기대하셨던 아버지는 예기치 않게 나의 말을 들으시고 충격에 잠시 생각하시다가 이야기하셨다.

"고맙다. 나는 네가 교회 이야기하는 것에 대해 믿기지 않는다. 그러나 너의 그 마음을 받으마. 지금까지 너를 위해 부모로서 최선을 다했는데, 마지막으로 너의 그 소원을 들어주지 않아서 나중에 너에게 원망을 듣는 아버지가 되기는 싫구나"라고 잔잔히 이야기하셨다.

아버지는 천국이 있는지에 대한 관심보다도, 믿기지는 않지만 사랑하는 자녀가 죽음을 앞둔 부모에게 향한 그 마지막 소원까지도 들어주고자, 그 사실을 억지로라도 받아드리고 싶었던 것이었다. 죽음을 앞두고도 당신의 생각보다, 나를 더 생각해주시는 아버지의 마음에 감정이 벅찼다. 나는 아버지의 이런 예상치 않은 반응에 너무 놀랐다. 그 전까지만 해도 내가 고향집에 가서 전도하려고 하면 이렇게 이야기 하셨기 때문이었다.

"네가 교회 다니는 것에 대해 다니지 말라고 이야기는 안 하겠다. 네가 나보다 더 많이 배웠으니 네 생각이 옳을 수도 있으니, 내가 너에게 이래라 저래라 강요는 안 한다. 네가 잘 판단했을 것이다. 그러나 나도 내 의견이 있으니 나에게는 믿으라고 강요하지 마라."

하나님은
나의 아버지
이시다

병원에서 나와 아버지는 이제 언제까지일지 모를 이 세상에서의 부자간의 인연을 서로 아쉬워하며, 하나님께서 믿음을 주셔서 구원해주시길 기도했다.

하나님께서 '고난이 축복이며 인간의 절망은 하나님의 시작'이라는 말씀을 주셔서 아버지의 구원에 확신이 있었기에, 천국의 소망으로 인해 마음은 전혀 슬프지가 않았다.

내가 서울로 온 후에 어머니에게서 연락이 왔는데, 아버지는 아들을 따라 교회에 가겠다고 지금 바로 퇴원시켜달라고 하여서, 의사와 실랑이가 벌어졌다고 하셨다. 내가 아버지에게 몰래 병명을 말씀드린 것에 대해 어머니는 매우 화를 내셨다. 병원에서도 더 이상 치료 할 것이 없었기에 며칠 후에 퇴원을 하시게 되었고 내가 사는 서울 집으로 모셔서 처음으로 아버지, 어머니와 함께 교회에 가서 예배를 드렸다. 하나님께서 역사하셔서 아버지는 영적(靈的)인 눈이 열려 귀신 등의 존재들과 영적 세상에 대하여 보게 되는 놀라운 체험도 하시게 되었다.

십 여일 정도 나와 함께 지내시다가 매형이 모시러 와서 부모님은 고향집으로 가셨다. 이제 언제 돌아가실지 모르고 이번이 마지막으로 볼 수도 있기에 마음이 아팠다. 도착 후에 어머니로부터 전화가 왔다. 아버지가 어떤 힘이 갑자기 생겨서인지 힘든 몸을 일으켜 의자에 올라서서는, 안방 문 위에 붙여진 부적(府籍)을 뜯어서 찢고 다시 자리에 누우셨다고 하셨다.

한 달 쯤 지난 후에 고향집에 갔다. 누워계신 아버지는 임종이 얼마 남지 않아 보였고 몸에 뼈가 다 드러났다. 방사선 치료로 인해 혀가 굳어져서 말을 하지 못하셨다. 나에게 무슨 말을 하고 싶어 하셨으나 무슨 말인지 들을 수가 없었다. 나는 직장의 일로 저녁에 다시 서울로 와야 했기에 믿음을 확인코자 고개로 표시하라고 했다.

"아버지, 예수님 믿으세요?"

지금 이 순간이 나와 아버지의 운명을 가를 떨리는 순간이었다. 이렇게 몇 번의 질문에 아버지께서는 거의 닫혀가는 눈을 뜨고 고개를 끄떡이셨다. 나는 아버지께 끝까지 예수님 붙잡고 꼭 천국에서 다시 만나자고 말씀드렸다. 이렇게 아버지를 뵙고 서울로 올라온 다음 날 어머니로부터 전화가 왔다. 어머니의 음성은 매우 슬프면서도 또, 의아하다는 목소리였다.

"근수야, 아버지 조금 전에 돌아가셨다. 그런데 얼굴이

하나님은
나의 아버지
이시다

웃는 얼굴이야. 동네 사람들이 보고서는 호상(好喪)이라고 말하네. 왜 이렇게 웃는 얼굴인지 이상하네. 죽는 게 뭐가 좋다고... 뭐 좋은 것이라도 보셨나?"

60세 초반에 병으로 일찍 돌아가신 것이고 또 죽은 사람의 얼굴을 보면 슬퍼해야하는데도, 전화기 너머로 몇몇 이웃 아주머니들이 웃으며 하는 이야기가 들렸다.

"너무 희한하다! 어떻게 이렇게 웃으실 수가 있지? 좋은 데 가셨나?"

너무 행복한 모습으로 생을 마감하신 것에, 오히려 축하해 주는 분위기 같았다. 그렇게 아버지는 예수님을 믿고 환한 모습으로 하늘나라로 가셨다. 비록 몸은 고통스러웠겠지만 평안한 모습으로 천사들의 인도로 하늘나라에 가셨기에, 임종을 지켜본 가족들과 이웃주민들이 다들 놀란 것이다. 그리고 마침 그 전날 고향집에가서 아버지를 생전에 마지막으로 보고 믿음의 확신을 점검하게 해주신 하나님의 인도하심이 놀랍고 감사했다.

나는 구원의 기쁨과 아버지를 천국에서 또 만나서 계속 살 수 있다는 기쁨을 감추지 못했다. 조문을 받는 자리에서 그 기쁨을 숨기지 못하고 실실 웃다가, 가족들과 조문을 온 사람들이 나를 미친 사람처럼 이상한 눈으로 보았다.

　아버지는 6.25 전쟁 중에 부상을 당하셔서 국가유공자가 되셨기에 국립서울현충원에 시신을 안장하였다. 육신은 화장을 하여 한 줌의 재가 되었지만, 아버지의 영혼은 기쁨이 넘치는 하늘나라에서 하나님 아버지와 함께 있음을 나는 믿는다.

　2015년 8월, 어머니께서 아프셔서 입원하셨다가 급히 중환자실로 옮겨졌다. 아무런 의식이 없이 눈도 못 뜨고 입에는 호흡기를 넣은 채, 전혀 몸의 움직임이 없었다. 몇 시간 후 간호사의 전화를 받고 급히 달려가니, 곧 돌아가시니 이제 마지막으로 얼굴을 보라고 했다. 팔을 만져보니 몸은 아주 차갑게 식었고 호흡과 맥박도 거의 떨어지는 순간이었다. 몇 초 후가 될지, 1분 후가 될지 알 수 없는 긴박하고 너무나 당황스러운 이 상황이, 실제 내 삶에서 일어나는 현실인지 믿기지가 않았다. 더군다나 어머니가 아직도 예수님을 믿지 않았던 터이라, 나는 정신이 나간 사람처럼 어찌할 줄을 몰라 부르짖었다.

　"하나님 아버지, 어머니가 예수님을 영접할 수 있도록 잠깐이라도 시간을 연장시켜주세요. 어머니의 의식이 돌아와서 잠깐이라도 저의 말을 듣고 예수님을 영접할 수 있도록 역사해주시고 도와주세요."

　나는 어머니의 귀에 가까이 대고 예수님을 믿으시라고 말

하나님은 나의 아버지 이시다

하고는, 정신없이 어머니의 얼굴과 측정기의 수치를 계속 주시했다. 그렇게 20분 가까이 했으나 전혀 몸의 움직임이 없었다. 그러는 순간 "삐~" 소리가 나며 마침내 어머니의 몸과 연결된 측정기에서, 모든 몸의 기능이 정지되었음을 알렸다. 말할 수 없이 혼란스럽고 침통하고 허탈한 마음으로 힘없이 어머니의 얼굴을 보았다. 그런데 몇 분 전만 해도 보이지 않았던 어머니의 오른쪽 눈가에 커다란 눈물 한 방울이 보이는 것이 아닌가? 마치 내가 보기를 바라는 것처럼 떨어질 듯 말 듯 아슬아슬하게 맺혀 있었다.

'눈물을 흘렸다는 것은 임종하시기 바로 전에, 잠깐이라도 희미하게나마 의식이 돌아왔다는 것이 아닌가? 그렇다면 나의 간절한 말을 들었을 수도 있고, 임종을 앞두고 하나님께서 기적적으로 역사하심으로 마음이 움직여서, 예수님을 영접할 수도 있지 않았을까?'

"누구든지 주의 이름을 부르는 자는 구원을 얻으리라"(롬 10:13).

별것도 아닌 것 같은 눈물 한 방울이, 어머니의 응답과 또 하나님 아버지께서 나에게 징표로 보여주시는 것이라는 생각이 들었다. 만약에 이 눈물 한 방울이라도 보지 못했다면, 구원에 대한 아주 작은 기대감도 없이 그냥 어머니와 영원히 이별을 하게 되고 나는 거의 평생을 고통 속에서 살았을지도 모른다. 이제 이 땅에서 어머니와 아들로서의 인연으로 연결된 손을 마지막으로 놓아야 했다.

'하나님 어떻게 인생을 이렇게 만들어 놓으셨나요?'

꿈도 아니고 내 목전에서 보이는 인생의 허무함에 어이가 없었다. 그런데 잡은 손을 놓으려는데 손이 바로 빠지지가 않아서 놀랐다. 조금 전까지만 해도 의식도 없고 눈도 한 번 못 뜨고 손에 아무 힘도 없으셨는데, 임종 바로 전에 어머니가 마지막 힘을 다하여 나의 손을 잡으신 것이었다. 희미한 의식 속에서도 눈물 한 방울과 더불어 예수님을 믿겠노라고 걱정하지 말라고 나에게 손으로서 답을 하신 것 같았다.

어머니의 육신도 화장을 하여 국립서울현충원에 아버지 옆에 함께 모셔졌다. 비록 어머니의 입으로 확신 있는 믿음의 고백을 귀로 듣지는 못했지만, 전에 죽음을 앞둔 아버지에게 역사하셨던 하나님께서, 어머니에게도 기적 같은 은혜를 베풀어 구원해주셨음을 나는 믿는다. 어렸을 때부터 부모님과 죽어서도 함께 살고 싶다고 생각한 것이 마침내 이렇게 결정되어졌다. 어머니의 소천(召天)후 제일 먼저 생각되는 것이 있었다.

하나님은
나의 아버지
이시다

'아! 이제 나는 부모님이 없는 고아(孤兒)구나!'

나이가 아무리 많고 또, 자신의 자녀가 많다고 하더라도, 부모가 없는 사람은 고아인 것이다. 마음이 매우 허전하고 공허하였다. 그러는 순간 이런 생각이 불쑥 들었다.

'나에게 육신의 부모는 이제 없지만, 죽지 않으시고 나와 영원히 함께 할, 참 부모인 하나님 아버지가 계시구나!'

부모님의 부재로 고아와 같은 마음으로 괴로워하는 나에게, 하나님 아버지가 계시다는 것에 안도가 되었다. 내가 이 세상에서 제일 좋아하는 단어는 '아버지'이다. '아버지'란 말 속에는 '부모', '사랑'이 다 포함되어 있기 때문이다.

하나님께서는 모든 인간에게 생명을 주고 낳으신 참 아버지이시다. 하나님이 '나의 아버지'라는 것에 나는 너무나 감격스럽다. 육신의 부모는 이 세상에서 몇십 년을 같이 살지 못하지만, 내가 어렸을 때부터 그렇게 소망했던 죽지도 않으시고 자녀인 나와 함께 영원히 살아갈 참 아버지가 하나님이시기 때문이다.

"하나님은 나의 아버지시다. 할렐루야!"

초판 1쇄　2016년 3월 26일
지은이　_ 박근수
펴낸이　_ 김현태
펴낸곳　_ 따스한 이야기
등록　_ No. 305-2011-000035
전화　_ 070-8699-8765
팩스　_ 02- 6020-8765
이메일　_ jhyuntae512@hanmail.net

값 12,000원